A mon vieil ami A. Nicolas

Ant. de Latour

VIE

DE

SAINT GEOFFROY

SCEAUX. — TYP. DE M. ET P.-E. CHARAIRE.

VIE

DU

SAINT GEOFFROY

FONDATEUR DE L'ÉGLISE ET DE L'ABBAYE

DU

CHALARD

DÉCOUVERTE DANS UN MANUSCRIT LATIN

PAR M. AUGUSTE BOSVIEUX

TRADUITE ET COMMENTÉE

PAR

M. CHARLES TENANT DE LATOUR

PRÉSIDENT HONORAIRE

SCEAUX

IMPRIMERIE DE M. ET P.-E. CHARAIRE

42, RUE HOUDAN, 42

1877

L'ABBAYE DU CHALARD

(Département de la Haute-Vienne)

La France est couverte de restes de monuments du moyen âge dont les uns sont cités avec éclat par les curieux qui les visitent, tandis que les autres demeurent tout à fait ignorés, uniquement parce qu'ils se trouvent placés hors du chemin des explorateurs de ce genre de ruines. Il est bien, sans doute, quelques-unes de ces ruines négligées dont les érudits de la localité s'exagèrent parfois l'importance historique ou archéologique; mais il en est beaucoup aussi qui sont loin de mériter l'oubli complet dont elles restent frappées.

Dans la partie de l'ancien Limousin qui forme aujourd'hui le département de la Haute-Vienne, sur le haut d'une colline au bas de laquelle coule la rivière de l'Isle, qui n'est encore qu'à quelques kilomètres de sa source, et qui sépare, sur ce point, le Limousin du Périgord, l'on aperçoit de loin l'antique abbaye du Chalard, attenant à l'église du même lieu, laquelle ne faisait autrefois qu'un seul tout avec l'abbaye. Voici ce qu'en dit, dans sa *Description des monuments des différents âges* de ce département, M. Allou, dont la science déplore la perte récente :

« Ce monastère, un des plus anciens du Limousin [1], « et *dont on ne voit plus que quelques masures*, fut, dit-on, « fondé vers 801 par Roger, comte de Limoges. Les Normands le détruisirent sous Charles le Chauve, après « avoir massacré l'abbé Paul avec tous ses religieux. Il « fut réparé au onzième siècle par Geoffroy de Silo, aidé « des seigneurs de Lastours, de Saint-Viance et de Comborn. Cette maison devint plus tard un prieuré conventuel. Les Anglais s'y établirent en 1419, sous les ordres « d'un capitaine Beauchamps, et commencèrent à ravager les environs jusqu'aux portes de Limoges. Les consuls rassemblèrent aussitôt une petite armée qui, jointe « aux troupes des seigneurs de Lastours et de Mortemart, « assiégea les Anglais et les força à évacuer leur retraite.

« Il est à remarquer que le bourg du Chalard porte le « nom de *Peyroulier* qui veut dire chaudronnier, ce qu'on « explique par la présence de certaines scories de cuivre « répandues aux environs, et qui semblent annoncer l'existence de quelques anciens fourneaux. »

1. Bonaventure, Nadaud, etc.

C'est là tout ce que contient le livre de M. Allou sur le bourg du Chalard, et l'on ne pourrait pas probablement y ajouter grand'chose sous le rapport historique proprement dit. Mais celui qui écrit ceci, étonné à bon droit de ces mots : « quelques masures, » ayant cherché à savoir comment le savant archéologue avait formé son opinion à cet égard, apprit qu'il ne s'était jamais rendu au Chalard de sa personne, et qu'il avait accepté, sans doute, un renseignement aussi erroné de gens mal fixés sur le véritable objet de ses recherches, si même il ne l'avait pas tout simplement recueilli à quelque vieille source imprimée, peu digne de la confiance d'un homme aussi éclairé.

Cette abbaye se compose encore aujourd'hui de deux grands corps de bâtiments, l'un d'environ trente-deux mètres de long sur plus de dix de large, l'autre de vingt-trois mètres sur dix, et le premier avec un retour formant corps de logis d'environ dix mètres sur six, cette dernière partie entièrement dénaturée par de successives modifications. Rien, dans les restes de ce monument, n'est à l'état de *masures ;* seulement tout annonce que les bâtiments étaient, dans l'origine, terminés, à une très-grande hauteur, par des voûtes recouvertes de pierres plates, dont le poids avait fini par amener quelque écartement dans les murs, ce qui a mis, à différentes époques, les usufruitiers de cette abbaye dans la nécessité de substituer une charpente aux voûtes dont nous parlons. L'extrémité droite de notre gravure offre seule l'état primitif, et suffit pour fixer pleinement sur tout ce qui a précédé.

Les murs sont bâtis en blocs de pierres d'une dimension qui n'est guère employée dans les constructions modernes, même les plus monumentales. Un peu avant la naissance des voûtes supérieures régnait un cordon saillant de grandes pierres taillées avec soin, que le changement de toit et les autres réparations n'ont pas fait disparaître entièrement. La façade du corps de bâtiment qui tient à l'église présente, construits dans le mur lui-même, six arceaux à plein cintre, avec une imperceptible indication d'un commencement d'ogive, et, de loin en loin, de même qu'à l'autre bâtiment (qui n'a point, lui, d'arceaux extérieurs), de simples piliers carrés. Du reste, aucun luxe d'architecture extérieure ; et la sévérité autant que la solidité de la forme, la rareté comme l'exiguïté des anciennes ouvertures, les nombreux souterrains, dont quelques-uns aujourd'hui, transformés en belles caves, portent encore des vestiges de communication avec d'autres points du monument qui n'existe plus, tout annonce que cette abbaye, ainsi que la plupart des anciens monastères, offrait, à la fois, un point fortifié contre tout ennemi et un monument religieux.

A l'intérieur régnait, dans presque toute la longueur du plus grand des deux corps de bâtiments dont nous avons parlé, une pièce qui, partagée aujourd'hui en deux, a fourni, au moyen d'une seule de ses moitiés, un salon-bibliothèque de la plus grande dimension, et dans lequel les formes architecturales primitives ont été religieusement conservées. Les parois sont, comme la façade extérieure du bâtiment opposé, marquées par des arceaux qui présentent dans les intervalles des têtes grossièrement sculptées, mais avec l'énergie particulière au temps. Le tout est divisé par de minces colonnes qui s'élèvent à une assez grande hauteur, système reproduit dans la forme de l'immense et unique cheminée de l'ancien appartement. Les deux extrémités de cette aile se terminent chacune par une pièce moins grande, mais du même style ; enfin la division intérieure de l'autre bâtiment est à peu près la même : c'est aujourd'hui une grange à foin[1].

Mais la partie la plus intéressante peut-être de cette antique abbaye, c'est, sous le bâtiment contigu à l'église, une pièce à demi souterraine, de plus de dix mètres de long sur environ sept mètres de large. La voûte est formée d'arceaux croisés, supportés, au milieu, par deux colonnes dont l'une est un très-beau monolithe, et sur les côtés par dix-huit colonnettes dont huit, divisées en deux parties, et groupées par quatre de file, partagent deux arcades destinées à éclairer ce bâtiment souterrain. Quelques personnes ont cru reconnaître dans la forme de cette pièce celle des anciens réfectoires de religieux; son étendue, moindre que celle des autres grandes pièces, semble repousser cette idée. Cela n'aurait-il pas été, tout simplement, un de ces cloîtres uniquement destinés à la méditation et à la promenade intérieure? Cette pièce, du reste, est dans un très-bon état de conservation.

Tels sont les restes actuels de cette vieille abbaye : tout ce qui l'entoure, les vestiges du passé comme le paysage lui-même, s'harmonise admirablement avec son caractère primitif. Du côté de l'Isle, vers la gauche, des rochers escarpés dominant des prairies verdoyantes, à l'extrémité desquelles on aperçoit les ruines de la vieille tour d'Estiveaux, démolie en 1793, et connue, depuis longtemps,

1. Une partie notable de ce côté des bâtiments fut disposée pendant quelques années avec un toit formant terrasse, comme cela se voit dans la gravure ; mais on a été obligé depuis d'y replacer une charpente ordinaire dans des vues de conservation.

sous le simple nom de *la Tour*. A droite, au bord de la rivière, l'ancien moulin qui servait aux moines, transformé depuis en une jolie minoterie. Sur la hauteur, une petite esplanade qui a retenu le nom de *tombeau*, d'un sépulcre de pierre qu'on y voyait autrefois, et qui fut placé, il y a une trentaine d'années, sous l'écoulement des eaux du presbytère. Un peu plus loin, dans une gorge immense, au milieu de laquelle se précipite la rivière pour se diriger vers Périgueux, une sorte de promontoire couvert de grands bois, où l'on remarque quelques traces d'un monastère de femmes, et qui porte encore le nom significatif de *Mongiau*. Pour point de vue, au couchant d'été, tout à fait à l'extrême horizon, les ruines du vieux château de Courbefy (*curvi fines*). Un peu au-dessous, l'antique prieuré de Saint-Nicolas. Revenant par le même côté, vers le milieu de la colline qui porte l'abbaye, des vestiges de maisonnettes recouvertes de mousse, que la tradition assure avoir été les modestes usines de quelques ouvriers en cuivre. Enfin, au nord de l'église, l'ancien cimetière des religieux, aujourd'hui celui de la commune, couvert de nombreuses tombes, soit en granit, soit en serpentine, mais presque toutes sculptées avec plus ou moins de soin, quelques-unes portent les attributs d'une profession, de maréchal, de tisserand, etc. (étaient-ce des moines ouvriers, ou ces tombes sont-elles d'une époque plus récente?); une ou deux offrent la tunique plus décisive du religieux; en tout, une réunion de pierres tumulaires telles qu'on n'en voit guère de semblables dans le pays.

Quant à l'église, qui, comme nous l'avons dit en commençant, paraît avoir fait autrefois partie intégrante de l'abbaye, et qui, ainsi qu'on peut le voir dans la gravure, a aussi de son côté quelque chose de très-monumental, nous ne nous arrêterons point ici à la décrire en détail. Si le soin devait jamais en être pris par quelqu'un, il appartiendrait de droit à un ecclésiastique de ce département, fort érudit dans l'architecture religieuse. M. l'abbé Texier, nous le savons, a visité l'église du Chalard, où il aura sûrement remarqué, entre autres choses, une assez belle construction en bois, sculptée dans le style du moyen âge, renfermant vers le milieu la châsse qui contient les reliques de saint Geoffroy, et, sous sa base, le tombeau du saint; mais il aura cherché inutilement celui de Gouffier de Lastours, que plusieurs chroniqueurs décrivent, dont ils donnent l'épitaphe, et qu'ils placent dans une chapelle souterraine qui existe encore, mais d'où on l'aura probablement enlevé depuis pour le transporter ailleurs, si même il n'a pas été détruit dans quelqu'une des invasions postérieures à son exécution.

Nous regrettons vivement que le propriétaire de l'abbaye, absent lorsque M. l'abbé Texier a visité cette église, n'ait pas pu appeler l'attention d'un juge aussi éclairé sur les divers points archéologiques de l'autre monument dont nous n'avons donné ici qu'une imparfaite description.

J.-B. T. de L.

(Extrait du *Magasin pittoresque*, XIII, avril 1845.)

Gravure du MAGASIN PITTORESQUE. Imprimé par J. Best.

RUINES DE L'ABBAYE DU CHALARD, DÉPARTEMENT DE LA HAUTE-VIENNE

AVANT-PROPOS

Sous l'impression d'un sentiment tout à la fois religieux, littéraire et historique, j'ai consacré quelques-uns de mes loisirs de vieux magistrat retraité à traduire cette vie de saint Geoffroy que mon pauvre ami Auguste Bosvieux a retrouvée parmi les manuscrits de la Bibliothèque nationale. Ce petit livre, qui ne me paraissait, au premier coup d'œil, qu'une simple agiographie et n'avoir d'intérêt que pour notre bourg du Chalard, et pour notre famille en particulier, m'a semblé, après l'avoir soigneusement médité, contenir des enseignements aussi édifiants pour les catholiques, qu'ils sont précieux et instructifs pour ceux qui s'occupent sérieusement d'études historiques; de là cette version et les quelques réflexions qui devront suivre, modeste commentaire d'une modeste biographie.

CH. DE LATOUR

(*A l'abbaye du Chalard, octobre* 1876).

VIE

DE

SAINT GEOFFROY

PROLOGUE

Lorsque les actions des saints se racontent, l'esprit attiédi est ranimé, la gloire de Dieu retentit, l'Église grandit et triomphe, les justes se réjouissent, le vieil ennemi du genre humain se désole ; voici pourquoi, malgré les difficultés de l'œuvre, je ne crains pas d'écrire, dans un style modeste, la vie édifiante du saint homme Geoffroy, le fondateur du monastère du Chalard [1] ; et bien que l'éloge soit de nulle valeur dans la bouche du pécheur, je vais m'efforcer d'exposer les exemples des saints, pour la gloire de Dieu et pour notre amendement ; de telle sorte que le laïque sache ce qu'il doit admirer, le clerc ce qu'il doit honorer, le religieux de tout ordre ce qui doit accroître son émulation, l'hérétique ce qu'il doit dénigrer, le catholique ce qui doit le réjouir,

1. Le Chalard, prieuré de chanoines réguliers, de l'ordre de Saint-Augustin, près de Saint-Yrieix (Haute-Vienne).
(*Note d'*Aug. Bosvieux.)

le paresseux ce qui doit le réveiller, le zélé ce qui doit le faire persévérer; donc, Dieu aidant, je vais commencer à dire ce que je sais de ce saint, racontant en partie par moi-même, en partie sur le témoignage des compagnons, qui demeurèrent si longtemps unis à un aussi grand homme, par les liens d'une inaltérable charité.

FIN DU PROLOGUE

Au nom du Seigneur, commence la vie de notre saint père Geoffroy, très-glorieux confesseur.

I

Le vénérable Geoffroy, d'une basse extraction, mais grand par la vertu, naquit en Limousin, au village de Vocalibo[1], près du château de Bridier. Dès son enfance, il se modelait sur les clercs qu'il voyait passer, portant comme eux la tonsure qui excitait son admiration ; mais que nul sage n'attribue entièrement à sa naïveté, à son ignorance cette vénération, de laquelle un zèle parfait faisait jaillir la source du bien, car l'esprit souffle où il lui plaît, et déjà ce n'était pas sans motif et sans un présage de l'avenir, que celui qui plus tard fut couronné par le Christ désirait la couronne.

1. Voculibo, dit un autre manuscrit. Le vrai nom est Boscabillo. (AUG. BOSVIEUX.)

Donc, par sa libre volonté, ou pour mieux dire inspiré par la grâce de Dieu, Geoffroy s'instruisit avec ardeur dans les belles-lettres, et le Seigneur rassasia de ses biens son âme qui en était avide. Mais comme ses parents, vu la modicité de leurs ressources, subvenaient avec peine aux dépenses des écoles, sur les conseils de sa mère, il se rendit près d'un oncle établi à Tours, qu le fit instruire avec soin, jusqu'au moment où l'homme de Dieu, élevant son esprit à de plus hautes études, alla plus au loin. En effet, la sagesse en l'éclairant le fortifiait, afin qu'il ne fût pas de ceux qui, ainsi que le dit l'apôtre, ont le zèle de Dieu, mais manquent de savoir.

Enfin, suffisamment imbu des sciences libérales, il revint à Tours avec joie; mais comme, dans ce monde, il n'y a pas de bonheur sans mélange et que presque toujours quelque peine se mêle à l'allégresse, pendant qu'il se félicitait de l'instruction qu'il avait acquise et de son heureux retour, il apprit soudain la nouvelle de la mort de son oncle, qui l'affligea profondément. Après avoir versé des larmes abondantes, il se souvint qu'on doit pleurer plutôt sur l'âme que sur le corps. Aussi, profondément inquiet du sort de celle de son bienfaiteur, il mitigea sa douleur et s'enquit tant de la pénitence qu'il avait faite que des détails de ses derniers moments. Renseigné à cet égard, Geoffroy assuma sur lui-même toute la charge des réparations; il résolut selon les Carmes de prendre pour lui-même cent années d'expiation. C'est ainsi que reconnaissant des bienfaits qu'il avait reçus, et ouvrant son cœur à la piété, il s'efforça d'accomplir les paroles de l'apôtre : « Portez les fardeaux les uns des autres et ainsi vous obéirez à la loi du Christ. »

Après avoir pris sur lui une telle œuvre de piété, Geoffroy s'achemina en toute hâte vers la ville de Limoges où il était appelé par un homme d'une éminente vertu, Pierre, surnommé Bruno, qui heureux de remplir les devoirs de l'hospitalité, de pouvoir avant toute chose prendre soin des pauvres, mérita d'avoir pour hôte celui en lequel certainement habitait le Christ. Bruno, en effet, pratiquait sincèrement la religion ; ennemi de l'avarice, ami de la vérité, d'une chasteté irréprochable, enclin à l'humilité, remarquable pour sa simplicité, illustre dans l'éloquence sacrée, orné de douceur et de modestie. Voyant le flambeau de la sainteté luire dans Geoffroy, il s'efforça de lui persuader de prendre au plus tôt l'ordre sacerdotal ; mais l'homme de Dieu ne cessait de répéter qu'il n'en était pas digne, que le soin des écoles auquel il se livrait avec assiduité l'absorbait ; que le siége épiscopal de Limoges était vacant.

« Ne vous en préoccupez nullement, répondait Bruno ; « je vous enverrai près de mon ami Reynaud, évêque de « Périgueux. »

Touché de ces sollicitations incessantes de son hôte et ami, Geoffroy se rendit enfin près du prélat qu'il lui avait indiqué.

Pendant que Geoffroy, devenu nouvellement prêtre, célébrait solennellement la messe dans le monastère de Saint-Martial, je vais dire par quel miracle la grâce d'en haut rendit sa sainteté manifeste. Au moment que le bienheureux offrait le saint sacrifice, au milieu d'une foule immense venue de diverses contrées, il se fit tout à coup un grand tremblement de terre; un bruit horrible se fit entendre; les portes de l'église frémirent; le peuple, affolé d'une terreur immense, craignit de se voir englouti sous les murailles, renversées jusque dans leurs fondements, tous étant emportés la tête en bas. Le vicomte de Limoges, le vénérable Aymar, qui par ses prières avait obtenu d'être averti du jour auquel Geoffroy chanterait cette messe, fut lui-même témoin de ce prodige. Lorsque la messe fut achevée, comme on demandait à Geoffroy si lui-même n'avait pas été effrayé d'un pareil bouleversement, il répondit que parmi tant de monde, il n'avait rien ressenti. Le sous-diacre et le lévite qui l'avaient assisté rapportèrent la même chose. De tout ceci, je pense qu'il faut induire qu'il n'est pas de commotion qui puisse ébranler celui duquel l'âme est ferme et inébranlable; que ce n'était pas sans cause que la terre demeurait immobile pour celui qui avait placé sa félicité non dans les choses d'ici-bas, mais dans le Seigneur.

Voilà pourquoi Geoffroy méprisa dès lors complétement le monde et prit par ses désirs son vol vers la patrie d'en-haut, porté sur les larges ailes de la charité envers Dieu et le prochain, de laquelle il était embrasé en effet. Ordonné ministre et consécrateur du corps de Notre-Seigneur, il devint un membre de Celui qui le nourrissait de son sang et de sa chair. Donc, désireux de ne se consacrer qu'à Dieu seul, il chercha un lieu où, loin du bruit du monde, il pût expier ses péchés et ceux de ses proches et se donner tout entier à l'oraison. Poursuivi jour et nuit de cette sollicitude, et convaincu que c'est du ciel et de l'Auteur de toute lumière que vient tout ce qui est bon, il demandait jour et nuit l'assistance de la grâce d'en-haut; et Dieu, qui ne fait jamais défaut à ceux qui le chérissent, lui montra dans une vision, sur une montagne au bas de laquelle coule la rivière d'Isle, le lieu si agréable où repose aujourd'hui son corps.

En ce temps-là, vint à Limoges Hugues, abbé de Cluny, qui jouissait au loin d'un grand renom de piété. Ce prélat, informé de la réputation du vénérable Geoffroy, dit à Bruno, hôte de ce dernier :

« Amenez-moi, je vous prie, ce maître votre commen-
« sal, duquel tous racontent la vie innocente. »

Inspiré par sa prudence, Geoffroy répondit :

« Je sais ce qu'il veut de moi ; par ce motif, je ne me
« rendrai pas près de lui ; il veut me conseiller de me faire
« moine ; mais moi, je ne veux ni résister à un tel homme,
« ni assumer le fardeau de la vie monacale ; je crains, si
« je résiste, d'attirer sur moi une prompte punition ; Dieu
« défend de mécontenter ses saints ; d'habitude, il punit
« dès cette vie ceux qui les offensent. Si je me rends aux
« instances du saint homme, si j'adopte la vie religieuse,
« je montrerai peu de constance, car j'ai un autre des-
« sein ; ce que vous me demandez, mon cher hôte, est la
« seule chose que je puisse vous refuser ; retournez donc
« près de l'abbé et excusez-moi avec bienveillance. »

En entendant ceci, le très-prudent Hugues donna des éloges à l'inébranlable constance de Geoffroy et entendit avec encore plus de plaisir le bien qui se disait de lui; néanmoins il comprit qu'il avait placé ses intentions sur une base solide.

Enfin, le temps étant venu que le serviteur de Dieu avait fixé pour rechercher le lieu que la grâce de Dieu lui avait désigné par des visions fréquentes, il prépara secrètement son voyage. Ferme dans ses vues de piété, il dissimula ses intentions, et ne consulta personne, pour ne pas subordonner la volonté de Dieu à celle des hommes. Donc prêt à sortir, comme la colombe, pour chercher la place de son nid, il ne prit congé de qui que ce fût, ne découvrit son secret à aucun de ses amis, de crainte de voir arracher par le souffle populaire la nouvelle semence. Seulement, pendant qu'ils assistaient ensemble à la messe, il offrit à son hôte le baiser de paix, de peur de laisser apercevoir qu'il s'éloignait, en donnant d'autres preuves d'attachement, à celui duquel il avait reçu de longues preuves de bienveillance et auquel il était lié d'une indissoluble amitié. Il garda le silence, de crainte qu'en recevant ses adieux, son hôte par affection ne l'empêchât de s'éloigner; mettant la main à la charrue, il ne regardait pas derrière lui pour tracer droit son sillon.

Geoffroy s'achemina donc secrètement avec deux compagnons, Pierre et Edmond; il pressa sa marche mystérieuse jusqu'au moment où, sous l'impulsion de Dieu, il parvint au village que communément on appelle Ladignac; là, il reçut l'hospitalité chez un prêtre respectable, Gérald, ou si l'on veut Aymeri : il fit connaître alors ses intentions; en effet, son hôte lui demandant avec intérêt où il voulait aller, il répondit :

« Je désire établir ma demeure dans la forêt voisine,
« pour y servir le Seigneur, si toutefois sa bonté veut me
« le permettre. »

A ces mots, le prêtre lui dit :

« J'ai fait choix d'un lieu que je vous montrerai, et si
« vous voulez y bâtir et y habiter, je vous donnerai mille
« sous pour y faire des constructions. »

En entendant ces paroles, les serviteurs de Dieu, voyant luire une bonne espérance, s'en félicitèrent. La nuit étant passée, le prêtre se leva et conduisit les voyageurs à l'endroit vulgairement appelé Versavaux. Après qu'ils l'eurent examiné, et l'eurent longtemps parcouru avec attention, Geoffroy, qui n'avait pas oublié les révélations qui lui avaient été faites, n'hésita pas à rejeter un lieu où il ne voyait ni la montagne, ni la rivière qui lui avaient été montrées; persistant dans ses espérances, il résolut de chercher ce qu'il désirait, n'oubliant pas cette promesse de toute vérité : « *Demandez et vous recevrez, cherchez et vous trouverez* »

Celui qui l'avait invité à chercher, réalisa ce qu'il lui avait fait espérer; en effet, un habitant de Versavaux, du nom de Martin, sous l'impulsion de la bonté de Dieu, fit connaître aux voyageurs la vérité, en leur disant :

« Puisque ce que vous voyez n'est pas conforme à vos
« intentions, il ne faut pas que vous hésitiez à chercher
« un autre lieu que vous jugerez plus convenable à votre
« usage ; dans cette forêt même, se trouvent les ruines

« d'une vieille église ; elles sont sur une montagne, au bas « de laquelle coule une rivière agréable. »

En entendant ces mots, le bienheureux, les yeux levés vers le ciel, rendit grâce à Dieu, et le cœur content et raffermi par cette indication positive, il marcha vers cette montagne. Arrivé au lieu désiré, il fut rempli de joie, en voyant ce qu'il avait cherché : une montagne avec des tombeaux nombreux et une rivière au bas. Pour s'y établir, il entra sous un humble toit construit de branchages, recouvert d'un chaume léger, qui avait été bâti pour un homme nommé Robert, venu du pays de Flandre. Ce fut l'an mil quatre-vingt-huit de l'incarnation de Notre-Seigneur, le jour de l'Épiphanie, que notre maître Geoffroy arriva sur cette montagne, couverte de bois, remplie de bêtes fauves, qui lui avait été montrée à Limoges, dans une vision.

Il vécut d'abord comme un ermite; ensuite sur les conseils du seigneur Reynaud, évêque de Périgueux, qui l'avait ordonné prêtre et mérita d'obtenir dans le pèlerinage de Jérusalem la palme du martyre, il adopta de cœur et d'habit la vie des chanoines réguliers. Durant le temps qu'il passa sur cette montagne, observant une abstinence rigoureuse, notre patron Geoffroy eut pour vêtement intérieur une chemise en forme de cilice, dessous une ceinture de fer et tout autour du corps deux chaînes de fer. Nous avons de tout ceci un témoin digne de foi, le seigneur Gérald, troisième prieur de cette église du Chalard, de la sainteté duquel tous rendent témoignage. Lui aussi avait écrit sur le bienheureux; c'est sur son conseil et en quelque sorte sous sa dictée que j'ai écrit moi-même; je ne devrais pas m'abstenir de faire son éloge; cependant je m'en abstiendrai, attendant un temps opportun, pour publier ce que j'ai appris de lui de bon et de louable. Nous avons aussi un autre témoin, duquel personne ne récusera l'autorité, c'est-à-dire Geoffroy lui-même, qui, cédant aux instances répétées de ses frères, écrivit de sa propre main, pour la gloire de Dieu et l'utilité de l'église. Je reproduirai donc son écrit, conservé par nous, sans avoir la prétention d'en rien retrancher et d'y rien ajouter; cet écrit a trait à son arrivée, à la construction de l'église et ensuite à un pauvre qui, dans les angoisses de la mort, avait prédit que cette église serait bâtie en l'honneur de Marie toujours vierge et Mère de Dieu et qui avait vu, lui pauvre, cette basilique comme un escalier du paradis, construite au ciel de la main des anges. Soyez donc attentifs, c'est le saint de Dieu qui va parler et moi, entre temps, je garderai le silence.

II

« Tandis que mon âme agitée travaillait à quitter le « siècle, l'année même en laquelle je commençai à ha- « biter ce lieu, ainsi que je m'en souviens, au mois de « septembre, je me suis vu souvent en songe, passant la « nuit dans un désert rempli de tombeaux. Je l'ai trouvé « comme je l'avais vu et ma vision ne m'a pas trompé.

« Peu de temps avant moi, un autre homme, du nom de « Robert, éclairé par une semblable révélation, vint des « contrées éloignées pour y établir sa demeure; je ne l'ai « pas vu, mais on m'a dit qu'il était de Flandre. Les « prêtres des paroisses voisines l'expulsèrent avec vio- « lence et on l'avait entendu leur dire non-seulement à « eux, mais encore à d'autres qui me l'ont fidèlement rap- « porté : *Je n'ai nulle force pour vous résister, étant laïque « et sans habitude de la parole; mais il viendra quelqu'un, « et cela peu de temps après moi, que nulle puissance, quel- « que violence qu'elle emploie, ne pourra éloigner*. Que ce ne « soit pas à moi, Seigneur, que vous en donniez la gloire, « mais à votre nom, pour le secours duquel, au milieu « de perturbations sans nombre, je suis demeuré sain et « sauf, et sans danger de mort. O mon Dieu! ma force « et mon refuge, mon secours dans les tribulations qui « m'ont tant assailli, par la haine de l'ennemi ! ô Dieu! « ô miséricordieux! vrai salut, espoir certain de la vic- « toire, conservez-moi avec tous les miens, afin que tou- « jours d'un cœur joyeux, d'une voix sonore, je chante « jour et nuit vos louanges, à vous auquel doit être attribuée « toute victoire. Ceci, je le rapporte sans hésiter, et « presque toujours je parle de ce que j'ai vu. En effet, « bien que depuis longtemps l'église eût été détruite, il « existait encore beaucoup de rangs de pierres dans « leur premier état : au levant une masse carrée présen- « tait une face droite; une autre était au couchant; en « bâtissant, je n'ai rien changé aux premières disposi- « tions; autant que de besoin, j'ai employé pour l'édifice

« la chaux provenant des tombeaux de l'ancienne église. « Car, selon que le rapporte une tradition ancienne, ce « lieu était rempli de sépulcres; la commodité les fit « transporter aux églises les plus proches ; ainsi, puisque « l'usage des chrétiens est d'enterrer les corps, et que « tous savent que nous avons trouvé des tombeaux, qu'on « ne doute pas qu'ils renfermaient des chrétiens et que « par leurs mérites, ces chrétiens ont obtenu d'être « visités par le Créateur du monde, après une longue suite « d'années.

III

« S'il faut, quelle qu'elle soit, ajouter foi à la révé- « lation des choses futures par l'intervention de Dieu, je « crois devoir rapporter une vision sur le lieu du Chalard, « d'autant plus qu'en majeure partie je l'ai vue se réali- « ser. Il y avait à Ladignac un chevalier, y ayant la « principale autorité, qu'on appelait Guy, et de son sur- « nom Panthena; chez lui était nourri et soigné de ses « nombreuses infirmités, un pauvre mendiant, d'une « patience et d'une humilité admirables; ce pauvre ren- « dait avec persévérance grâce à Dieu de ses misères. Or « il arriva que comme son mal empirait, et que déjà il « était au moment d'expirer, un grand nombre d'hommes « vertueux et plusieurs femmes pieuses se réunirent « pour adoucir les derniers moments de l'indigent chéri « de Dieu. Voyant que son agonie était laborieuse et que

« la mort se faisait attendre, ces personnes se disaient « entre elles : *Cette âme ne tarde tant à quitter ce corps,* « *que parce qu'elle demande le secours des aumônes.* Ayant « pris une bonne résolution, elles commencèrent à porter, « les unes des pains entiers, les autres des moitiés de pain, « quelques-unes de menues monnaies, quelques-autres de « moindres aumônes. Fortifié par l'abondance de ces « dons, le moribond reprit miraculeusement ses forces « et tirant de profonds soupirs du fond de sa poitrine, il « dit avec allégresse : *Grâce à Dieu, mes maîtres, voici que* « *vos aumônes sont devenues comme des degrés par lesquels* « *bientôt je monterai vers lui.* Tandis qu'il disait ces choses « et d'autres semblables, il advint qu'une femme sans « pudeur et dont la honte était publique entra dans la « maison ; à son arrivée, l'esprit du malade fut troublé, « et au milieu de l'étonnement de tous, il s'écria aussi « haut qu'il lui fut possible : *Chassez, chassez le diable* « *que suivent des légions de démons!* Puis, les hommes qui « étaient présents, s'enquérant du motif qui le faisait « parler de la sorte, ceux qui étaient autour de lui ré- « pondirent que c'était au sujet de la courtisane qui « venait d'entrer. Après qu'on l'eut mise promptement à « la porte, le pauvre recommença à remercier Dieu et « ceux qui l'avaient jetée dehors ; après il ajouta : *Il y a* « *longtemps que dans le monde je ne vois absolument rien ;* « *mais dans celui où les âmes des justes sont éclairées* « *d'une lumière éternelle, j'appris bien des choses ; il en* « *est une que je vous découvrirai fidèlement. Je vous atteste* « *qu'elle est vraie et que sous peu elle se manifestera. Dans*

« *la forêt voisine, au midi, sur une montagne, il se bâtit* « *une très-belle église, en l'honneur de Marie, toujours* « *vierge, mère de Dieu.* Ceux qui étaient présents lui de- « mandèrent si ce qu'il disait était bien la vérité; et on « assure qu'il fit cette réponse : *Je vois cette église déjà* « *bâtie dans le ciel pour la messe des anges ; sous peu de* « *temps, beaucoup d'entre vous la verront.* Peu après qu'il « eut fait cette prédiction, l'âme du pauvre sortit de sa « prison de chair. A mon arrivée, ceci me fut raconté « par le chevalier que j'ai nommé, par d'autres per- « sonnes dignes de foi, et cette prédiction a été appli- « quée à notre église du Chalard. Grâce à cette circon- « stance, lorsque nous avons commencé à la construire, « nous avons eu pour aides et pour soutiens plusieurs « de ceux qui ont rendu témoignage de cette prophétie « et qui de plus se sont voués à être enterrés au Chalard; « parmi eux, j'ai donné la sépulture au chevalier Guy « Panthena, à son fils et à sa bru, à Aymeri et à son « frère Guy avec son épouse, au prêtre Gérald et à Ber- « nard, leurs frères, à Hélie, père de Bernard, et à beau- « coup d'autres excellents chevaliers. »

IV

Je viens de reproduire avec fidélité le témoignage du seigneur Geoffroy, afin de donner à ce que je raconte de lui une authenticité qui ne présente aucun doute. Je poursuis donc mon récit ; mais, avant, je dois le reprendre de plus haut, afin de suppléer à ce que le saint a passé sous silence. Lorsque l'homme de Dieu fut arrivé sur cette montagne, la renommée ne resta pas silencieuse ; elle publia, au contraire, qu'il y avait un esprit qui accomplissait la prédiction du pauvre. Les gens du voisinage parlèrent du bien qui se disait de cet homme ; on n'avait pu, en effet, cacher l'habitation fondée sur cette montagne et tant les grands que le peuple désiraient voir Geoffroy. Voilà pourquoi Gérald, excellent chevalier, surnommé Béchade, se souvenant de la vision du pauvre, insista auprès du chapelain de Ladignac pour lui persuader de se transporter, avec tout le peuple qu'il gouvernait, auprès de l'homme de Dieu, pour être présents le jour auquel il célébrerait sur la montagne sa première messe. Ayant donc rassemblé une multitude de peuple, le chapelain vint près de Geoffroy, apportant tout ce qui était nécessaire pour célébrer les saints mystères et, sur ses instances, l'homme de Dieu chanta solennellement la messe, le dimanche de la Septuagésime. Il commença ensuite à célébrer plus complétement les offices ; car il avait apporté son missel et les autres choses nécessaires à l'exercice de son ministère.

Les habitants du voisinage affluaient près de lui, désireux d'entendre les douces paroles qui sortaient de sa bouche. Quant à lui, étranger au repos, il servait le Seigneur pendant la nuit, chantant des psaumes, des hymnes et des cantiques; mais, durant le jour, zélé serviteur de Dieu, il construisait avec soin son église, dans laquelle

il édifia un autel en l'honneur de la bienheureuse Marie toujours vierge. Le peuple voisin se plaisait à profiter des entretiens du saint-homme et ne le laissait jamais seul ; de là naquit une haine qui embrasa de ses feux les prêtres du voisinage. Cette peste mauvaise, l'envie, qui n'est jamais heureuse du bonheur d'autrui, piqua vivement de son aiguillon le prêtre qui gouvernait l'église de Ladignac ; elle le pressait sans repos de ses instigations; elle semblait l'exciter par ce discours : «Que fais-tu, ô le plus lâche des hommes que porte cette terre ? que ne regardes-tu autour de toi ? voilà que tes paroissiens offrent à un autre ce qu'ils étaient dans l'usage de t'offrir. Tout appartient au religieux Geoffroy; que feras-tu si les oblations te sont enlevées, toi qui n'as pas d'autre revenu ? comment vas-tu te nourrir avec toute ta maison? que donneras-tu à l'évêque et aux autres prélats? que donneras-tu aux chevaliers eux-mêmes? que donneras-tu à ceux en si grand nombre desquels dépend ton église? il n'exigeront pas moins, parce que tu ne recevras pas autant; ils n'apprécieront pas ce que tu recevras de rentes, mais ils considéreront l'importance de l'église que tu dessers. Allons, réveille-toi, hâte-toi ! que cet ermite soit chassé de ton voisinage; s'il est hypocrite, il obtiendra beaucoup de ce qui est à toi; s'il marche d'une cœur sincère sur le sentier de la religion, il ne laissera rien dans ta bourse; comment le chasser avec facilité ? déjà il est aimé de tous ; il a, en effet, tous les dehors d'un vrai serviteur de Dieu ; par la simplicité de ses vêtements, la pâleur de son visage, sa maigreur, la douceur de sa parole, la délicatesse et la sérénité de ses dehors, la modestie de sa démarche, le peuple ne voit rien en lui qui ne soit dans les habitudes d'un homme de bien et sans reproche. » Tandis que la mordante envie insinuait à ce prêtre ces choses ou d'autres semblables, une autre peste aussi méchante, qui aveugle les malheureux mortels et qui les entraîne à tant de choses mauvaises, l'avarice, ajoutait : « Ne supporte pas plus longtemps celui qui t'est nuisible ; chasse-le tandis que tu peux le faire ; il est encore chancelant ; il n'est pas ferme sur ses pieds ; une fois qu'il s'y sera affermi, il méprisera tes embûches ; si tu parviens à le perdre par un moyen quelconque, tout ce qui lui est offert, on viendra te l'offrir ; si tu crains, étant seul, de n'être pas assez fort pour employer la violence, tu as le seigneur archidiacre de Limoges, Pierre Bruschard, qui, d'un seul mot, peut faire ce que tu désires ; donne-lui plutôt ce que tu perds de ton bien ; il gouverne tout le Limousin ; car, bien que le siége soit vacant, il ne manquera pas de qui remplira les fonctions d'un évêque ; par son savoir, par sa noblesse, Bruschard est redoutable à tous ; nul ne saurait lui résister ; il reçoit volontiers des présents et, après qu'il les a reçus, il n'hésite à rien entreprendre ; il faut donc le gagner, en lui donnant de l'argent, c'est ainsi qu'il te deviendra favorable, et qu'il ne craindra pas de froisser dans cet homme l'apparence de la vertu. »

Poussé par ces suggestions de l'envie et ces feux de l'avarice, le prêtre presse vivement par ses promesses et ses clameurs Pierre Bruschard, afin que par tous les moyens il tâche d'expulser de ce pays le bienheureux serviteur de Dieu. Animé à cette mauvaise action, l'archidiacre s'efforce inutilement de pervertir avec lui l'évêque de Périgueux, Reynaud, et de lui faire prendre part à ce méfait. L'ayant rencontré à Saint-Yrieix, il lui adressa cette allocution : « Nous avons l'habitude, ô saint père, « par un privilége de charité mutuelle, conservé de « toute ancienneté, de voir faire par la bienveillance de « votre église ce que celle de Limoges ne peut faire « pour elle-même, et c est à vous qu'il appartient de « nous aider dans nos nécessités; voilà pourquoi nous « voulons que vous sachiez que nous perdons complétement l'église de Ladignac, si votre bonté ne vient très- « promptement à notre secours. Il est, en effet, venu « dans cette paroisse un homme du nom de Geoffroy, « qui, parce qu'il est revêtu de l'habit religieux, ne craint « pas de recevoir le salaire du prêtre; celui-ci, qui est « privé de ses redevances accoutumées, me poursuit journellement de ses réclamations; ses oblations accoutumées sont diminuées, et il désespère de ses ressources « si son rival n'est expulsé. Il faut donc, puisque nous « n'avons pas d'évêque, frapper de votre autorité celui « que la mienne ne peut atteindre. »

Après que, sous l'inspiration de sa haine, le méchant eut dit ceci et beaucoup d'autres choses au très-pieux évêque, celui-ci, qui était d'une prudence remarquable, répondit : « Je viendrai et j'entendrai ce que me dira « Geoffroy ; on ne doit, ni contre lui, ni contre qui que ce

« soit, rendre une sentence sans y réfléchir ; » et, en conséquence, l'évêque indique un jour et un lieu au serviteur de Dieu, Geoffroy, pour répondre à l'archidiacre qui lui imputait tant de méfaits. En apprenant ceci, beaucoup de gens, auxquels la parole de Dieu n'était pas indifférente, disaient : « Allons entendre la parole de l'homme « angélique et celle du méchant démon. » Un grand nombre de personnes s'étant donc rendues en présence de l'évêque, où se tenait aussi avec modestie le saint adorateur de Dieu, Geoffroy, l'archidiacre prit contre lui la parole dans la salle vicomtale : « Cet homme que vous « voyez, dit-il, a bâti, dans le bas de la paroisse de La- « dignac, une église dans laquelle il chante la messe, « reçoit les paroissiens et leurs oblations, de telle sorte « qu'il y transporte le cierge pascal à son usage, et « beaucoup d'autres choses. Il ne peut nier cela ; nous « avons, en effet, des témoins dignes de foi ; il y a plus, « le fait est notoire, c'est un dommage qui ne peut se « tolérer ; voyez tous et dites si ce sont là des actes con- « venables à la religion ; c'est là un arbre nuisible qui « occupe sans utilité notre sol et qui, je l'espère, sera ra- « dicalement arraché par les mains de monseigneur l'é- « vêque. »

Après cette allocution de Pierre, le très-modeste et très-doux Geoffroy, la tête haute et le cœur humble, répondit, sur l'ordre du prélat : « Revenant du Périgord à « Limoges, ordonné prêtre par vous, monseigneur l'évê- « que, en présence duquel je me trouve, je passai par « la forêt vulgairement nommée de Courbefy ; exami-

« nant ce lieu avec soin, il me parut convenir à ceux qui « voudraient servir Dieu. Ensuite, l'Auteur de tout bien, « élevant dans sa miséricorde mon cœur courbé vers la « terre, m'inspira le mépris des choses de ce monde; « voilà pourquoi, quittant la ville de Limoges, dans la- « quelle j'avais séjourné quelque temps chez un homme « vénérable, Pierre Bruno, mon hôte, sur les conseils « duquel j'ai assumé le fardeau de l'ordre sacerdotal, je « suis venu dans la forêt que j'ai nommée, avec la vo- « lonté de servir le Seigneur. J'y avais fait un séjour « misérable de trois semaines, persistant à vivre comme « je pouvais, lorsque le prêtre, mon adversaire, vint à « moi suivi d'une multitude de peuple; avec lui aussi, « se trouvaient des personnes de distinction, des grands, « des femmes nobles; il me demanda modestement, il « fit plus, il m'ordonna, usant de ses droits, de célébrer « la messe devant le peuple. Ce devoir, de son consen- « tement et sous les auspices du Christ, je l'ai rempli, « obéissant à tes adorateurs, ô Roi immense; oui, moi, « pécheur indigne, je t'ai offert le sacrifice glorieux « avec ton bon plaisir; j'ai entrepris une bonne œuvre; « après l'avoir commencée, j'ai craint d'y renoncer; « ce n'est pas, en effet, à celui qui commence, c'est à « celui qui persiste jusqu'à la fin, que la couronne est « promise. La veille de Pâques, il me fut offert un cierge « d'un écu, comme je l'estime; je lus sur le cierge la « bénédiction qui se prononce sur le cierge pascal. Je « n'en ai pas eu d'autre que celui-ci. » Lorsque Geoffroy eut prononcé ces paroles, l'évêque, homme d'une grande douceur, lui dit : « Va-t'en, homme de bien, « laisse là cet homme diabolique; fais ce que tu avais « l'habitude de faire ; ne t'inquiète pas des discours d'un « impie; ne parle qu'à Dieu ; attends le Seigneur, que « nulle persécution ne te brise ; retire-toi en paix et prie « pour moi. » Indigné de ces paroles de l'évêque, Pierre Bruschard ne voulut pas renoncer à ses desseins, car le Seigneur n'avait pas encore jeté les yeux sur lui, et Geoffroy qu'il persécuta encore beaucoup pendant deux ans n'avait pas encore prié Dieu pour lui ; mais, après avoir été visité par Dieu, père des miséricordes, il reconnut son péché et construisit en grande partie l'église du Chalard, à ses propres dépens, et y trouva une mort heureuse, comme on le verra, si Dieu le permet, dans le volume suivant.

Ici j'ai dessein de m'arrêter un peu et, comme après une longue navigation, de me reposer dans le port ; mais ce n'est pas là le port que je cherche, le repos que je désire ; avant, il me faut rapporter les merveilles que Dieu a daigné révéler à son saint. Qu'il prie pour moi, celui duquel je ne crains pas de parler, fortifié que je suis de son patronage ; qu'il me prête les paroles que je trouve écrites par lui-même, afin que ce premier volume étant appuyé de son autorité, le suivant lui doive le même bénéfice; ce qu'il a écrit est de peu d'étendue, mais ce peu est authentique et peut donner confiance à ce que je raconte moi-même ; qu'il parle donc un peu, afin que quelque repos me soulage et qu'après sa dictée recueillie, ces prémices énoncées, le lecteur bienveillant se réjouisse de ce commencement et soit instruit sincèrement par le glorieux confesseur lui-même de l'époque et du lieu où il aura vécu.

V

« L'an mil quatre-vingt seize de l'incarnation du Sei-
« gneur, indication treizième [1], un homme vénérable, le
« pape Urbain, parcourant le pays des Gaules, Philippe
« étant roi des Francs, célébra à Clermont un grand con-
« cile où, spécialement et entre autres choses, il dit :
« que l'église du Christ à Jérusalem, à Antioche et au-
« tres villes qui sont en Asie avait besoin du secours
« des fidèles ; que, partout dans ces contrées, cette église
« était non-seulement cruellement opprimée par les en-
« nemis du nom chrétien, mais encore complétement dé-
« truite et que le nom du Christ y était abreuvé d'outra-
« ges. Dans le cours de cette prédication, le pape arriva
« à Limoges [2]; là, il dédia l'église du bienheureux proto-
« martyr du Christ et le monastère du bienheureux
« apôtre Martial; ces pieuses consécrations, par la grâce

1. L'indication est fausse pour l'année 1096 ; c'est la quatorzième et non pas la treizième.

(Aug. Bosvieux.)

2. Ici, dans le manuscrit latin, Aug. Bosvieux constate que, d'après Geoffroy du Vigeais, la consécration de l'église cathédrale de Saint-Étienne eut lieu le 28 décembre 1095, et celle de Saint-Martial le 31 du même mois. Mais si saint Geoffroy, témoin *de visu*, donne une autre date, ne doit-on pas s'en rapporter plutôt à lui ?

« de Dieu, je les ai vues de mes propres yeux, j'y ai assisté avec une foule d'autres fidèles. Ces dédicaces terminées, Urbain exhortait le peuple présent à faire le pèlerinage de Jérusalem. Que grâces te soient rendues, ô « Christ, car, par ta rosée, la semence jetée dans notre pays « et le reste de l'univers grandit en moisson abondante. « Sans nul retard, accouraient de toutes les régions de « la terre les comtes, les prélats, les peuples et les rois « les derniers ; Dieu, en effet, ne distingue pas les personnes. Après qu'enlevé de cette vie, ce souverain « pontife eut reçu du Seigneur la récompense de ses travaux[1], il eut pour successeur Pascal qui, lui-même, « vaillant propagateur de la parole de Dieu, ne fut nullement inférieur à son prédécesseur. Il envoya dans « les contrées des Gaules Jean et son compagnon Benoît, « cardinaux de l'église de Rome. Ceux-ci, pressés de « remplir la tâche qui leur avait été donnée, vinrent à « Limoges et de là à Poitiers, ayant auparavant parcouru « les villes des Gaules[2]. Dans cette ville, ils tinrent un « concile, exhortant les peuples à secourir promptement « les fidèles engagés dans l'expédition de Dieu. J'ai assisté à ce concile, à la suite duquel le duc de Poitou, « Guillaume, d'autres comtes et prélats, avec des fidèles « sans nombre, de toutes les régions de l'univers, pri-

1. Urbain II mourut le 29 juillet 1099, et son successeur, Pascal II, fut élu pape le 13 août suivant.

(Aug. Bosvieux.)

2. Ce concile fut tenu le 17 novembre 1100, dans l'église de Saint-Hilaire.

(Besly, *Hist. des comtes de Poitiers*.)

« rent le signe de la croix du Christ. Tous abandonnant « les liens de la chair, leurs pères, leurs mères, leurs « épouses, s'empressaient d'obéir aux ordres du Seigneur. « Au même temps et peu avant la célébration de ce der- « nier concile, le jour de la fête de saint Luc[1], évangé- « liste, la première église du Chalard fut consacrée par « le seigneur Reynaud, évêque de Périgueux, car, à « cette époque, notre siége se trouvait vacant. Cinq ans « après ce concile, dans l'octave de la Saint-Martin, il en « fut célébré un autre.

« L'an mil quatre-vingt-huit de l'incarnation de Notre- « Seigneur, le jour de l'Épiphanie, ma demeure fut fixée, « et la même année, le jour de la fête de saint Yrieix, Ay- « mar, vicomte de Limoges, fils d'Aymar qui mourut « dans le pèlerinage de Jérusalem, dans la salle de sa « cour, sur les instances répétées de sa mère, me donna « à moi, Geoffroy, le lieu où a été bâtie l'église du Cha- « lard en l'honneur de Dieu et de sa mère. »

Ici finissent les écrits de saint Geoffroy; allons en avant, nous qui continuons ce récit.

VI

Le pape Urbain, pieux et éloquent, exhortant tous les peuples, par des prédications pressantes, à délivrer promptement avec une grande dévotion le sépulcre du

1. 18 octobre 1100.

(AUG. BOSVIEUX.)

Seigneur, disait entre autres choses qui s'accordaient avec son dessein : « De notre autorité apostolique, nous « ordonnons aux religieux de se faire les conducteurs de « l'armée, imitant Moïse et Josué qui gouvernaient fidè- « lement, à travers beaucoup de dangers, le peuple d'Is- « raël. C'est en effet une œuvre sainte de délivrer la « sainte cité de Jérusalem et le sépulcre du Seigneur des « souillures des païens et de les rendre aux sectateurs « de la foi chrétienne; c'est par cette voie ferme du sa- « lut que beaucoup, encore sous le joug du crime et ju- « gés étrangers à tout bien, parviendront par la palme « du martyre au royaume des cieux. Ceux même qui « n'arriveront pas à la gloire du martyre ne perdront « pas néanmoins le prix de leurs labeurs; en effet, le « Seigneur sait ce qui est dû à l'homme fort; il est l'ar- « bitre de ce qui revient au plus fort, il n'abandonnera « jamais ceux qui combattent pour lui, il donnera même « une large récompense aux infirmes qui le serviront « dans la mesure de leurs forces. »

Nombre d'hommes pieux, cédant à ces exhortations du prélat apostolique, se disposèrent à partir et prirent le signe de la croix, avec le désir de voir ces lieux d'outre-mer, jadis habités par le Dieu fait homme. Parmi eux était Geoffroy, qui, se distinguant par son zèle, brûlait, lui aussi, du désir de visiter la sainte cité; de quoi s'apercevant Gauthier, excellent chevalier surnommé de Lastours, qui s'était proposé lui-même d'obéir à la mission apostolique, adressa cette allocution à l'homme de Dieu : « Vous avez entendu, saint père, l'ordre de notre

« seigneur le pape, si salutaire pour nos âmes. Accom-« plissons donc cette œuvre, la délivrance du sépulcre « de Dieu; assumons ce fardeau que désirent les forts, « que redoutent les lâches; je serai votre serviteur « bien qu'indigne, je vous serai dévoué et fidèle autant « que je le pourrai; je vous donnerai mes biens et ma « personne, prêt à suivre partout vos avis [1].

« Nul labeur, nulle marche ne sera pénible sous votre « conduite, excellent père, pressez cette œuvre ; différez « les autres; pas de retard; celui qui a du cœur ne sau-« rait en admettre; ne dédaignez pas, je vous en supplie, « de me prendre pour serviteur. » Geoffroy répondit : « Si Dieu et mes frères du Chalard y consentent, je ne « retarderai pas, je ne contesterai rien à un tel homme, « que je sois chef, compagnon, serviteur en tout, partout « et à toute heure. »

Ayant ainsi parlé, le saint se rendit vers ses frères et leur fit de tout un récit fidèle. Ceux-ci baissèrent la tête en gémissant; en même temps ils manifestèrent leur douleur par des paroles, versèrent des larmes, à la pensée de perdre un tel père. Quant à lui, il les consolait paternellement, il les exhortait à consulter par leurs prières Dieu et Marie. Mère de Dieu, il te demandait ton assistance; il livrait son âme au repos; la nuit obscurcissait l'univers; un sommeil léger fermait ses yeux fatigués; son cœur veillait; toute à Dieu, son âme n'était pas distraite par le sommeil. Son esprit vigilant vit des

1. Ce qui suit est en vers dans le texte.

choses surprenantes. Le Christ, qui ne voulait pas qu'il quittât ce pays, lui envoya un prophète pour lui manifester sincèrement la vérité, le consoler en lui prédisant le bien à venir, le délivrer de ses cuisantes inquiétudes. Endormi, il vit un religieux, un saint abbé, brillant de lumière; sa démarche, sa gravité, ses vêtements, sa voix, tout décèle un messager du ciel : « Tu dors, dit-il, « écoute la vérité, ô bon Geoffroy, n'hésite plus, bannis « toute crainte. Ce lieu que tu habites, je l'ai habité moi-« même; cette église de laquelle tu vois les ruines, je « l'ai gouvernée; une nation méchante l'a renversée et « ravagé les campagnes voisines; nous avons perdu nos « domaines, nos colons ont péri; ces lieux que tu vois « dans le voisinage, ils étaient à nous, ils dépendaient de « notre église; tout peut se rétablir; ce Pierre l'archi-« diacre, qui te persécute, te fera des largesses, lorsque, « dans peu de temps, il sera venu vers toi; prie Dieu, le « jour et la nuit de te le donner pour compagnon; Dieu « est bon, il exaucera tes prières; donc écarte toute « crainte; ne congédie pas ces religieux; accélère ton « œuvre; oublie le voyage que tu désirais entrepren-« dre. » Après cette vision, le sommeil quitta le bienheureux; il se réjouit et rendit grâce à Dieu. Il ne cacha rien à ses frères et leur révéla ce qu'il avait vu; ceux-ci se livrèrent à la joie; leurs voix éclatèrent en actions de grâce; chacun d'eux en effet reconnut qu'il avait un bon maître; son doux patronage leur plaisait à tous et n'était lourd pour aucun. Geoffroy obéit à la vision et laissa là son projet de partir; il pria pour Pierre, fatigué par une cruelle tempête et les inquiétudes mondaines. Il le demanda à Dieu pour compagnon, et espéra en ses prières; chaque jour il priait pour son cruel ennemi; il demandait pour coopérateur celui qui le persécutait; il fut exaucé. Ses prières furent aidées par son intelligence. Cette intelligence cherchait à obtenir ce que lui donna la grâce du Christ; car ce méchant Pierre Bruschard revint à de meilleurs sentiments; il condamna ses fautes, il déplora les actes honteux de sa vie passée, ramena son âme au Christ; Dieu lui pardonna son péché, lui inspira ce qu'il devait faire pour obtenir son pardon, ce qu'il devait chercher pour trouver le bien. Cet espoir ne fut pas déçu; il se connut lui-même et demanda son pardon, se dépouilla de ses vêtements, donna des chaînes à son cou, des verges à ses mains, reconnut quelle punition il avait méritée. Son aspect était triste, sa voix entrecoupée de sanglots; il se jeta à tes pieds, Geoffroy, père vénérable, qu'il avait tant de fois offensé; malgré ce passé, il ne craignit pas de te demander assistance; la miséricorde de Celui qui ne repoussa jamais celui qui avoue ses fautes le délivra du mal. Il dévoila ses blessures à son ennemi; celui-ci lui donna les remèdes d'un ami et à son tour trouva bienveillant celui qu'il avait trouvé hostile; Bruschard promit mille sous et les paya promptement. Bientôt l'homme de Dieu commença à bâtir une belle église en l'honneur de la mère de Dieu et le monastère du Chalard. Ce fut le nom qu'il reçut des dévots de la Vierge. Sans aucun retard, Pierre se présenta; il entra dans les cloîtres, revêtu des habits que prescrivait la règle. Il se montra de tout son cœur dévoué à ses frères et au Christ. Il demanda le secours des prières du saint; celui-ci, miséricordieux, lui promit son pardon, lui fit luire l'espoir de la récompense, pria pour lui et oublia le passé; il le consola, le combla de caresses et de marques de respect. Pierre persista et juste devint cher aux justes; il fit tous ses efforts pour se conformer aux règles. Trois années s'étaient écoulées et Pierre approchait du terme de cette vie, le vestibule de la vie à venir; son zèle croissait avec la grâce; il gémissait, il veillait; ses prières étaient ferventes, il demandait la récompense qu'il voyait prochaine. Déjà il était près de sa fin; il appela un de ses frères, Gauthier, qui prenait soin des choses de l'église. « Regarde, dit-il, Gauthier, mon frère, un mal qui mérite « attention; cette partie de l'église, bâtie avec tant de « peine, n'est pas encore couverte; la pluie la détériore; « vends mon lit; fais-moi une couche de paille, le prix « de cette vente suffira pour construire la plus grande « partie du toit, j'ai déjà donné à Dieu tout ce que j'avais « de surplus. » Disant ceci, il brûlait de l'amour du Christ et de presser tout ce qui se faisait en son honneur.

Le jour était venu auquel le Seigneur remonta vers les cieux; le même jour, Pierre cessa de vivre; plein de joie, il mourut dans les bras de Geoffroy. Comme il l'avait mérité, il monta au royaume céleste, fortifié du corps sacré du Christ; mourant le jour d'une belle fête, il en reçut la gloire et mérita, vers la neuvième heure, d'obtenir la couronne que Dieu lui avait destinée dans sa miséricorde. Cet homme charitable, cet homme généreux, qui espérait les joies du ciel, fut pauvre pour l'amour du Christ, tout le temps qu'il vécut, depuis sa conversion obtenue par les saintes prières de Geoffroy. Ce que j'ai commencé pour Pierre, je continuerai à l'écrire, sans employer la forme du vers qui ne convient plus.

Ceci ne doit pas être passé sous silence, que le bienheureux serviteur de Dieu ne fut pas sans avoir un ennemi, au temps où il demeurait à Limoges, dans la maison de cet hôte que j'ai nommé dans mon premier volume Pierre Bruno. En effet, Arnaud, intendant et bayle de cette maison, le détestait cordialement, et partout où il l'osait ou le pouvait, déchirait de ses dents[1] cyniques tout ce qu'il faisait de bien. Il signalait en effet comme un défaut les jeûnes desquels le saint augmentait tous les jours la fréquence. Souvent, après avoir préparé les deux repas qui avaient lieu chaque jour, il avait été obligé de chercher d'autres mets pour l'usage du bienheureux Geoffroy. Aussi, lâchant le frein à sa colère, il ne cessait de dire, tantôt en secret, tantôt à haute voix : « Cet homme jeûne « tous les jours, il a en horreur les mets que tous les au- « tres désirent ; il y a plus de dépense et plus de peine à « le servir qu'il n'y en a pour en satisfaire sept autres. « Pourquoi mange-t-il tout seul ? Pourvu qu'il trouve le « repas prêt et que nous servions cet ingrat assis dans sa « chaise, il ne s'occupe ni de la peine qu'il nous donne, « ni du prix de l'huile et des poissons. »

Répétant ces choses, et d'autres pires encore, il pour-

1. Il y a dans le texte *caninis dentibus*.

suivait de ces complots l'homme de Dieu, cherchant sur quoi il pourrait le trouver en faute. Étant donc entré dans la chambre où Geoffroy avait son lit et fouillant chaque vêtement, il trouva sur sa couche des bâtons ronds liés avec une corde, que le saint plaçait sous lui, lorsqu'il se couchait et couvrait de paille en se levant; car pour l'amour de Dieu il se crucifiait et repoussait les jouissances de la chair, pour éviter les peines de l'enfer. Arnaud voyant ce qu'il n'attendait pas, la dureté de cette couche, s'écria : « Hélas ! misérables, nous qui sommes si sensibles « au bien-être du corps, et ne redoutons nullement la perte « de nos âmes ! Voilà que jusqu'à présent, par les sug-« gestions du démon, j'avais vu dans cet homme un hy-« pocrite rusé, et que, par la grâce de Dieu, je trouve qu'il « est un chrétien simple et sincère. Je vais donc cher-« cher à réparer tous les torts que j'ai eus envers lui, par « ignorance ou par malice. Je prie Dieu qu'il me par-« donne mes fautes et me fasse prendre part à tout ce « que ce saint homme a de bon. Voilà donc le lit si agréa-« ble de notre hôte, des bois noueux ! Voilà des signes « manifestes de la crainte de Dieu ! Voilà celui duquel je « parlais si mal et que je trouve si peu semblable aux « autres ! »

Se gourmandant par de tels discours, Arnaud, le cœur contrit, sortit et, faisant pénitence, il se montra dans la suite dévoué et empressé auprès du serviteur de Dieu; mais une nuit, qu'il rentrait chez lui en toute hâte, il fit une chute, se blessa grièvement à la tête et demeura longtemps malade. Cependant, bien qu'il fût venu à toute extrémité, il guérit par le secours de Dieu. Après avoir été ainsi éprouvé par la miséricorde de Dieu, rentré en lui-même, Arnaud reconnut la fragilité des choses de ce monde ; il vit que tout homme est mortel et ignore le moment de sa mort, et se proposa d'abandonner de son vivant ce qu'il ne pouvait posséder au delà. Il résolut donc, soit de s'attacher au bienheureux Geoffroy, qu'il avait tant de fois servi, et d'obéir assidûment à ses préceptes, soit en portant de l'eau fraîche aux pauvres qui, à Rome, se retirent sous les portiques de Pierre, prince des apôtres, de les servir, pour l'amour de Dieu, le reste de sa vie. En effet, lorsqu'à la suite de son maître, Pierre Bruno, il avait plusieurs fois visité la demeure des apôtres, il avait vu s'acquitter de ce soin avec dévotion un homme qui de là avait reçu le surnom d'*Aqua Frigida*...

L'un et l'autre parti lui semblait également bon. Cependant, pour choisir le meilleur et le plus salutaire, il se rendit près d'un serviteur de Dieu, célèbre par sa sagesse et sa piété, Gaucher, qui depuis peu habitait la forêt d'Aureil. Vers cet homme se rendaient en foule des hommes et des femmes de ce pays, tant de la noblesse que du commun populaire, car, selon la parole de l'apôtre, il avait mission de gagner au Christ un grand nombre d'âmes. Après avoir entendu Arnaud, il lui répondit : « Je te conseille, mon frère, je t'ordonne au nom de « Dieu et je te prescris pour ta pénitence d'aller sans « hésiter vers l'homme de Dieu Geoffroy et de persévérer « à lui obéir tant que tu vivras. Imite le Christ qui a

« daigné pour nous souffrir la mort et la mort de la « croix. La vertu d'obéissance est grande, elle unit « l'homme à Dieu; elle engendre toutes les autres. C'est « pour cela qu'elle reçoit tant d'éloges du bienheureux « Benoît; le Fils de l'homme n'est pas venu pour être « servi, mais pour servir. »

Ayant entendu ces paroles, Arnaud, n'hésitant plus, se retira, et, suivant les avis du saint homme, s'abandonna sans réserve à la volonté du bienheureux Geoffroy, soigneux observateur de la véritable piété. Il vécut longtemps encore, toujours couvert d'un cilice, même sur sa tête, s'adonnant aux bonnes œuvres, cultivant de sa main des déserts vastes et affreux; le produit de son travail était employé aux dépenses des constructions. Le Seigneur lui donnait des récoltes abondantes; il les rendait au Seigneur, en les employant à bâtir la basilique de Marie toujours Vierge et à d'autres usages nécessaires. Bien qu'il célébrât les jours de fête, ces jours-là, il fuyait l'oisiveté. Évitant les entretiens des hommes, il se retirait sous une roche de cette montagne; il savait en effet que l'oisiveté produit les longs discours et les longs discours beaucoup de péchés; aussi, à ceux qui lui demandaient pourquoi cette retraite, il répondait : « Ces rochers ne « rompent le silence par aucun mot, ils ne produisent « pas de discussions et par les discussions la colère. »

VII

Pierre Bruno, cet homme si bon, l'hôte de Geoffroy,

avait quitté ce monde. Dès qu'il eut expiré, à Limoges, à l'instant même où son âme fut délivrée des liens de la chair, il apparut à saint Geoffroy, qui, après le labeur de l'office de nuit, dormait d'un sommeil léger dans son oratoire. Celui-ci, homme réfléchi, comprit que son ami venait de mourir et lui dit : « Comment vous trouvez-« vous et quelle espérance avez-vous pour l'avenir? » Bruno répondit : « Je suis content, car au jour du jugement je « serai admis à la vie éternelle; en attendant, je souffri-« rai des peines inouïes, car Excarlata, mon gendre, me « fait un mal qui ne peut s'apprécier. Dites donc, mon « maître, à mon fils, qu'il lui paie tout ce que je lui dois; « car, s'il ne le fait, il en éprouvera bientôt un grand « dommage et moi des souffrances. L'abbé de Saint-« Martial aussi n'agit pas bien; à l'article de la mort, il « m'a revêtu de l'habit de moine et s'apprête à m'enter-« rer parmi les religieux; mais vous, mon maître, dites-« lui de me faire inhumer près des bancs des mon-« nayeurs, à la place que j'ai choisie lorsque je vivais. » Après avoir entendu ces paroles, l'homme de Dieu, se levant en toute hâte, appela Arnaud, duquel j'ai parlé, et le renvoya à Limoges, après lui avoir dit : « Arnaud, « mon frère, ton maître, mon très-cher hôte, vient de « m'apparaître de telle et telle manière; va et sache ce « que peut signifier cette apparition; quant à moi, je « crois qu'il est mort. »

Sur cet ordre, Arnaud se mit promptement en chemin, désireux de savoir si réellement son maître était mort. Arrivé à moitié chemin, il rencontra un messager envoyé à Geoffroy pour lui faire part du décès de son hôte; interrogé, ce courrier fit connaître l'objet de son voyage, dit de la part de qui il était envoyé et que Pierre Bruno avait cessé de vivre. Connaissant donc la mort de son maître, Arnaud dit en gémissant : « Hélas! mon « maître n'est plus! qu'irais-je chercher? J'irai cepen- « dant; je n'abandonnerai pas la tâche qui m'a été don- « née; je saurai ce qui en est et, d'une manière certaine, « comment les choses se sont passées. Voilà qu'il est clair « qu'au moment où mon maître a quitté cette vie, il s'est « montré à notre saint père Geoffroy, auquel il a dit « beaucoup de choses, et il est certain qu'elles sont la « vérité. » Ayant dit tout cela au messager qu'il avait retardé, Arnaud, en toute hâte, arriva à Limoges et annonça à l'abbé de Saint-Martial la visite de Geoffroy, en lui disant pourquoi lui, Arnaud, avait été envoyé. Pierre Bruno fut donc inhumé avec honneur, mais non parmi les moines; Arnaud, accablé de douleur, fut présent à ces obsèques.

Le fils de Pierre Bruno vint ensuite près de Geoffroy qui lui raconta avec soin ce qu'il avait appris de son père, et s'acquitta complétement de ce qui lui avait été ordonné, en lui disant : « Mon très-cher frère, ton père, « cet homme si chrétien, donnait, chaque année, pour le « salut de son âme la valeur de mille sous ; devenu vieux « et moins valide, il s'est adjoint un gendre peu conve- « nable qui, voyant avec peine Bruno si libéral dans ses « aumônes, a restreint autant qu'il a pu ses bonnes ac- « tions. Voilà pourquoi ton père te fait avertir, toi qui es

« à sa place et à ses droits, de suppléer par l'abondance « de tes aumônes au bien qu'il faisait de moins; si tu ne « le fais, il te menace toi-même de maux redoutables. « Donc afin que, sans retard, tu le soulages, donne à ta « sœur ce qui lui revient des biens de son père et n'aie « plus rien de commun avec elle. Imite ton père, montre-« toi son digne héritier. Cette vie est courte ; prends souci « de la vie future qui est éternelle. » Se conformant aux avis du saint homme, et digne héritier de son excellent père, le fils de Bruno mit ordre si pacifiquement à ses affaires, que le gendre duquel j'ai parlé ne put conserver aucun motif de se plaindre. Ensuite, plus libre de ses droits et en usant avec libéralité, il montra assez, par la largesse de ses aumônes, en quel esprit il agissait. Quant à Geoffroy, n'oubliant pas la vision qu'il avait eue, disposé à remplir envers son hôte les devoirs de la charité, il priait pour son âme souvent et avec larmes, s'efforçant de le récompenser, par des biens célestes et éternels, des biens passagers et terrestres qu'il en avait reçus. Arnaud, lui aussi, courageux à bien faire, ne pouvait oublier l'âme de Bruno ; il demeura toujours bon et pieux dans la bonne voie, toujours content de porter le joug de l'obéissance, beau d'humilité et de miséricorde, marchant intrépidement dans le droit chemin et vivant sans péché.

VIII

Il y avait à Royère un prêtre riche, du nom de Jean,

qui connaissait la vie et les mérites du bienheureux Geoffroy; il avait un neveu qu'il élevait avec soin et tendresse, qui avait nom Gérald. Ce prêtre possédait un mulet méchant et rétif que son neveu conduisait parfois au pâturage; cet animal, emporté et violent, frappa de ses pieds le jeune homme à la tête et avec une telle violence que, la tête en sang et la cervelle sortant, il paraissait près d'expirer. Le prêtre, apprenant que son cher neveu était sur le point de périr misérablement, accourut furieux, gémissant et se lamentant. Un tel malheur le rendait insensé; mais Dieu, dans sa miséricorde, le faisant rentrer en lui-même, il se souvint tout à coup de saint Geoffroy; il mit une bride à son mulet, puis, montant dessus, il se rendit en toute hâte près du serviteur de Dieu. Arrivé, il se jeta à ses pieds : « Viens à mon « aide, saint père, s'écria-t-il; mon neveu, cette partie « de mon âme, perd tout son sang et va mourir. » En entendant ceci, le très-clément Geoffroy partagea son chagrin et, confiant en la miséricorde de Dieu, plein d'inquiétude, il le consolait, disant : « Ne pleure pas, mon « frère; avec l'aide de Dieu, ton neveu peut échapper à « la mort; il y a plus, tu peux m'en croire, il lui a « échappé; lève-toi, je t'en prie. » Encouragé par des paroles si consolantes, le prêtre dit : « Je crois, mon maî- « tre, qu'il échappera, en effet, à la mort, si vous daignez « intercéder pour lui avec bonté auprès du Christ; de- « mandez-le à Dieu qui ne refuse rien à ceux qui l'ai- « ment; demandez-le et je vous donnerai mon neveu et « le malfaiteur lui-même. » En disant ceci, le prêtre livra son mulet à Geoffroy et lui promit beaucoup de setiers de froment choisi, qu'il lui paya bientôt après. Quant à l'enfant, bien qu'il fût sans connaissance et qu'on désespérât de sa vie, par les prières du saint homme, il fut bientôt en convalescence. Il porta patiemment le joug si doux du Christ, jusqu'au moment où, devenu vieux, il reçut la récompense de ses travaux et de sa patience, ayant passé sa vie dans la fidélité. Il mourut dans la semaine où l'anniversaire de Geoffroy devait être célébré; c'est ainsi et à cette époque qu'il avait désiré et obtenu de mourir par ses prières; ainsi, celui qui avait mené une vie louable eut une fin vénérable; celui auquel saint Geoffroy avait conservé la vie par ses prières et par ses mérites obtint par le même patronage la vie éternelle. Ce bon père Geoffroy, duquel je raconte la vie à bon droit, eut de tels disciples. — De saints disciples embellissent la vie pieuse du maître.

IX

Les peuples voisins, voyant se manifester de plus en plus la sainteté du bienheureux Geoffroy, venaient à lui de tous côtés; et lui, comme un bon agriculteur, il ôtait les ronces et les pierres du champ du Seigneur, et en temps opportun il jetait la bonne semence dans ces sillons soigneusement cultivés. En premier lieu, il extirpait les vices du cœur des hommes, les avertissait de craindre la mort et les peines de l'enfer, les exhortait avec doucœur à mépriser les choses de la terre, leur inculquait l'amour et la crainte de Dieu, les portait continuellement à obéir au Seigneur et s'efforçait de produire des germes de vertu. Enfin ce saint fut, par la douceur de ses mœurs, tellement favorisé, qu'il plaisait encore plus aux grands et aux petits par sa gaieté, son affabilité, qu'il ne convenait aux gens de médiocre condition; car, bien qu'il excellât par la distinction de sa piété, il se montrait cependant égal à tous et à chacun d'une manière admirable, ne repoussant personne, ne méprisant ou ne détestant personne, évitant également les rigueurs de l'austérité et la légèreté de la dissolution. Après l'office de nuit, pendant que les frères venaient se coucher, il demeurait seul dans l'église, veillant dans l'oraison, se complaisant dans le Seigneur et s'entretenant avec lui avec autant de familiarité que de secret.

Dans la nuit donc de la fête de saint Barnabé, après une longue oraison, il dormait dans son oratoire; il vit en songe deux vicomtes de Limoges, Guy et Hélie son frère; leur aspect était horrible, leurs membres étaient brûlés et comme cuits par un feu violent. Il les regarda alternativement, et se rappelant qu'ils étaient morts, il remarqua que l'un d'eux, Hélie, qui cependant était le plus jeune, semblait frappé des peines les plus cruelles. Étonné, il s'adressa à celui qui souffrait le moins : « D'où vient, « seigneur Guy, dit-il, que votre frère, qui a le moins « vécu, est le plus durement puni? — Mon frère, répon- « dit Guy, souillait sa vie d'adultères; quant à moi, j'ai « été moins abandonné au libertinage et à d'autres pé-

« chés; voilà pourquoi il est plus torturé et je le suis « moins; cependant, au jour du jugement, nous ressus- « citerons à la droite de Dieu. Nous venons humblement « prier ta miséricorde pour que tu fasses mention de nous « dans tes prières et que chaque jour tu offres pour nous « le saint Sacrifice; tes prières nous servent beaucoup, « elles adoucissent nos peines et les rendent tolérables. » Guy ayant ainsi parlé, les deux vicomtes disparurent. Le matin étant venu, Geoffroy raconta cette apparition à ses frères et décida que des prières de nuit et de jour seraient faites, au monastère du Chalard, pour les défunts. Ensuite, tant qu'il vécut, il offrit pour les deux frères, chaque jour, le saint Sacrifice. Ces prières pour les vivants et pour les morts qu'il a établies, nous les avons observées, autant qu'il a pu se faire jusqu'à ce jour. Devenu vieux, comme il ne pouvait douter que la fin de sa vie ne fût prochaine, il ne se donna ni à l'oisiveté ni au repos; ne se laissa pas accabler par l'âge; mais, surmontant la vieillesse, ne redoutant pas le travail, il se montra intrépide dans le service de Dieu. Pendant sept années, il remplit les devoirs des jeunes et des vieux, des forts et des faibles. Nulle affaire ne put le contraindre à se rendre aux réunions du monde; il demeura cloîtré, la chair couverte d'un cilice, entouré d'une ceinture de fer qui nous est restée comme un témoignage de ses habitudes, et, comme je l'ai dit plus haut, il entourait son corps d'une chaîne de fer. Sa nourriture était celle du Carême; il ne la prenait que vers le coucher du soleil. Content de peu, il était pâle et maigre, ne pensant qu'au ciel, entièrement crucifié au monde. Il voulait (disons quelque chose de ses habitudes) que ses vêtements fussent propres ; il les nettoyait lui-même souvent; il pensait qu'avoir quelque chose de malpropre était un indice de négligence et non une preuve de vertu; il disait : « J'aime mieux me repen-« tir d'avoir un mérite médiocre que d'en avoir un trop « éclatant »; car il était un homme net de cœur et de corps; fuyant tout ce qui était immonde, il évitait comme une peste toute hypocrisie, toute fausseté; sachant, comme cela est écrit, que les hommes dissimulés appellent la colère de Dieu, il répétait ces paroles de l'Évangile : *Malheur à vous, scribes et pharisiens hypocrites!* il repoussait loin de lui l'avarice comme une chose détestable, se rappelant que, d'après l'apôtre, elle est la servitude des idoles ; il glorifiait Dieu de ce que cette dominatrice sacrilége du monde lui était soumise, à lui, par la grâce du Seigneur; car, de même que celui qui s'est échappé d'un naufrage raconte volontiers à ses amis les périls desquels il a été préservé, le serviteur de Dieu se plaisait quelquefois à montrer à ses familiers les cicatrices de ses tentations, tempérant ses récits par une sage discrétion, afin que ses discours ne montrassent rien d'une vaine gloire et qu'ils n'eussent rien d'oiseux. La renommée d'un religieux ne peut être réellement parfaite, s'il ne fait le bien qu'il enseigne. Il est en effet beaucoup de bonnes choses qui sont louables, parce qu'elles se font au profit d'un seul, mais qui seraient plus dignes d'éloges, si elles étaient connues et pouvaient être utiles à un plus grand nombre.

Voilà pourquoi le serviteur de Dieu faisait seulement connaître à peu de familiers les choses de lui qu'il savait seul; il le faisait pour l'utilité de plusieurs et disait : « Les « années précédentes, je me donnais trop aux soucis du « siècle pour le soin de mes affaires, j'en ai ressenti des « tentations variées et multipliées; c'étaient des traits « acérés des ruses du démon, de telle sorte que, même « en disant la messe, je ne pouvais les éviter. De même, « en effet, que celui qui veut atteindre son ennemi par la « ruse pense que les chemins étroits sont propices aux « embuscades et y place des soldats armés, ainsi l'en- « nemi, plein de ruse, lorsque je commençais les paroles « des canons, venait, comme logé dans un lieu fort, « m'assaillir de suggestions mauvaises et de vaines pen- « sées; il ne me laissait en repos que lorsque je lui avais « dit : *Va-t'en en arrière, Satan!* Mais dès que j'ai eu « évité les choses du monde pour me livrer à un saint « repos, c'est-à-dire pendant ces sept années que je suis « demeuré cloîtré, je n'ai éprouvé aucune tentation du « démon, protégé que j'étais par la grâce de Dieu. »

L'homme de Dieu Geoffroy disait ces choses et d'autres pour l'édification de ceux qui l'écoutaient et pour se livrer à de pieuses conversations. Il recueillait lui-même avec amour toute parole utile et la confiait soigneusement à sa mémoire, quel que fût le moment où elle frappait son oreille. Il murmurait sans relâche des psaumes, et cela si doucement, si subtilement, qu'ainsi qu'on le lit d'Anne, mère de Samuel, il remuait seulement ses lèvres et que sa voix ne se faisait pas entendre. Il distillait ainsi, comme il le disait, ce qui lui semblait doux comme le miel à un villageois affamé qui en est très-avide. Bien que certainement il fût saint, il ne voulait pas qu'on l'appelât ainsi, de peur de se montrer désireux d'un titre qui ne lui appartenait pas, et se réfugiant dans l'humilité, lorsque déjà il avait atteint le comble de la sainteté, il disait souvent : « Je n'ai jamais lu qu'il y eût un saint nommé « Geoffroy, je ne cherche pas la gloire d'un pareil titre. « Il me suffit, si le Seigneur Jésus veut bien m'admettre, « moi, serviteur indigne, dans un coin de la Jérusalem « céleste, de me perdre dans les derniers rangs des ci- « toyens. »

LIVRE SECOND

DE LA

VIE DE SAINT GEOFFROY

PROLOGUE

Dans ce livre sont contenus les détails de la mort de saint Geoffroy et des miracles que Dieu a voulu opérer par son intercession.

X

Après que ce serviteur de Dieu eut rempli pendant près de huit lustres le devoir sacerdotal, il lui sembla, en songe, se voir au sommet d'une montagne très-haute. Là il voyait des hommes resplendissants dans des vêtements blancs; ils lui montraient, au milieu d'une vallée infecte, un feu allumé d'une ardeur indicible; les flammes le surpassaient, dans lesquelles les démons tourmentaient les âmes des malheureux par différents supplices. A la vue de ces peines sans nombre et des redoutables princes des ténèbres, il frémit d'une crainte sans mesure, jusqu'au moment où, regardant vers le ciel, il vit s'approcher [1] l'armée des anges, suivie du chœur des vierges, desquelles la beauté était admirée par les anges eux-mêmes. Parmi elles était la Vierge royale, vêtue royalement, portant à la main un sceptre d'or; elle était la plus belle de toutes et portait sur la tête une couronne admirablement ornée d'or et de pierres précieuses. Que cette vierge fût Marie, la mère de Dieu, qui visitait ainsi son vieux serviteur Geoffroy, venant le consoler et lui révéler l'avenir, on ne pouvait le nier. L'homme de Dieu, voyant ces peines horribles, était saisi de crainte; la Vierge dit aux anges et aux vierges qui la précédaient : « Secourez, « secourez promptement mon beau vieillard et conduisez-le vers moi sain et sauf. » Puis, comme par la main des anges et des vierges il eut été conduit facilement, ainsi qu'il le vit, il s'éveilla, réfléchissant à tout ce qu'il avait vu, et, examinant toute chose avec soin, il se réjouissait d'une aussi belle vision et rendait grâce à Dieu. Il remerciait la Vierge miséricordieuse d'avoir elle-même visité son serviteur humble et indigne, et la priait avec ferveur de le conduire auprès d'elle, et, après cette vie pleine de chagrins, de le présenter à son fils Jésus-Christ. Il ne pensa pas qu'une vision si remarquable dût tout à fait être passée sous silence; il prévoyait, en effet, qu'elle serait utile à beaucoup de gens. Il ne voulut cependant pas la révéler à trop de monde, de peur que, divulguée

1. Cette vision est peinte sur le mur du grand reliquaire, au-dessus du tombeau de saint Geoffroy, dans l'église du Chalard.

avant le temps, elle ne fût utile qu'à un petit nombre. Il avait cependant un familier qu'il chérissait plus que les autres, et, à cause de cela, il lui disait plus volontiers ses secrets, car il avait reconnu qu'il était digne de recevoir la confidence de toute bonne parole. Donc, comme dans son appartement secret, il lui eut déclaré ce qu'il avait vu, celui-ci, appréciant ce qu'il venait d'entendre et de là comprenant l'avenir, lui dit : « Que Dieu rende propice, « mon père, cette vision qui, avec son consentement, « s'accomplira ; vous êtes déjà, à la fin du stade, certain « de la récompense. »

Le saint homme vit aussi en songe cet ami duquel je viens de parler, élevé sur son siége prioral, parlant d'une manière très-agréable, de telle sorte que, l'écoutant, il se complaisait dans ses discours. Comme en taisant le nom (car il ne voulait pas lui faire connaître que c'était lui-même qu'il avait vu ainsi), il racontait ce songe au même ami, celui-ci lui dit : « Pourquoi, maître, ne voulez-vous « pas dire le nom de celui qui, après votre mort, paraît « digne de vous succéder? Voulez-vous qu'il y ait dis- « cussion entre les frères? — Je ne veux pas, dit le saint ; « tais-toi et attends le Seigneur ; il aura pitié de ses pau- « vres. » Et il ajoutait : « Je te laisserai mes vêtements, « c'est-à-dire ce qui est à moi et à mes frères, et si j'ai « quelque chose encore qui me soit propre, tout ce qu'on « peut dire être à moi. »

XI

Lorsque le Seigneur voulut transférer son serviteur Geoffroy de l'exil à la patrie, de la mort à la vie, du travail au repos, changer sa tristesse en joie, il envoya à son corps une maladie, signe manifeste de sa mort prochaine. Sentant son corps accablé de trop de faiblesse, il ne permettait pas à son esprit de s'apercevoir des tourments de la chair; mais, élevant son cœur à Dieu, il priait avec plus de ferveur, comme on le lit de saint Martin. Les yeux et les mains toujours tendus vers le ciel, il ne relâchait pas de l'oraison son esprit invaincu. Donc cet ami duquel j'ai parlé vit Geoffroy en songe, dans une chambre où lui-même avait son lit; et voilà qu'un homme remarquable par son vêtement de religieux offrait au bienheureux une boîte d'ivoire, ornée d'or, fermée d'un sceau, et fléchissant devant lui le genou disait : « Le Sei-« gneur légat évêque d'Angoulême [1] vous envoie ceci. » Cet évêque, le plus illustre entre tous, remplissait alors lés fonctions de légat, depuis les Alpes jusqu'à la mer de Bretagne. Après avoir dit ces choses, il donna au bienheureux chéri la boîte, afin qu'il l'ouvrît et vit ce qui était dedans. Comme Geoffroy ne pouvait le faire, sur son invitation, celui qui avait apporté cette boîte l'ouvrit et la

1. Gérard de Blaye, élu évêque d'Angoulême en 1101, nommé légat en France peu de temps après. (*Gallia christ.*)

(Note d'A. Bosvieux.)

donna de nouveau au saint, qui regardant dedans avec attention y trouva les images de Jésus-Christ et de la bienheureuse Vierge sa mère, des saints anges, des saints apôtres, sous un beau rouleau, et au bas le verset : « *Viens, viens, mon bien-aimé, je te donnerai ta solde*[1]. » Ceci lu, le saint semblait se presser d'obéir et son ami lui disait : « Comment se fait-il, seigneur, que tu sois resté sept an- « nées reclu, laissant là les choses du siècle et que de nou- « veau, entre temps, tu reviennes aux choses du monde?» A cela, Geoffroy répondit : « Il faut aller, je ne veux pas « retarder. » Après cette vision, l'ami de Geoffroy dormant de nouveau vit sur la montagne où est bâtie l'église du Chalard des personnes vénérables de toute condition, des abbés sans nombre et une multitude de peuple.

Ensuite, s'étant éveillé, il vint en présence du bienheureux Geoffroy et lui raconta ses deux visions, disant : « Maître, tenez pour certain que ces révélations vous « annoncent votre mort prochaine. » Le bienheureux, sans éprouver ni crainte ni tristesse, lui répondit : « Je « sais parfaitement ce que veulent dire ces visions ; tout « ce que vous dites est la vérité ; ce sont les saints que « vous avez vus, ceux desquels je demandais jour et nuit « les suffrages, pour obtenir non des biens passagers, « mais leur secours à l'heure de ma mort. Voici prochain « le port que je désirais ; pour y arriver, j'ai méprisé les « dangers des tempêtes ; j'ai supporté de mon plein gré

1. *Donativum.*

« les labeurs, pour ne pas souffrir malgré moi les sup- « plices, afin qu'après les travaux je pusse trouver le re- « pos. Voilà deux choses que j'ai beaucoup désirées : « d'abord que, après ma mort, Dieu, dans sa miséricorde, « m'arrachât au pouvoir du démon ; ensuite qu'il voulût « bien réunir en ce lieu des serviteurs dignes de le servir. « J'ai en effet plus de souci de ce que sera cette église « dans l'avenir, que de ce qu'elle est dans le présent ; pour « cela, je disais tous les matins trois fois cent cinquante « psaumes, afin que le Seigneur me protégeât contre « trois incendies. » Comme son ami lui demandait quels étaient ces trois incendies, il les indiqua ainsi : « Le premier est celui du feu matériel, duquel nous nous « servons souvent dans les églises et qui souvent les brûle « avec tout ce qu'elles renferment ; le second est celui qui « brûle par l'ardeur des passions, souille le corps et « plonge les âmes dans l'enfer ; le troisième est celui de « l'enfer, où les âmes des damnés sont éternellement « tourmentées. La miséricorde divine m'a sauvé des deux « premiers ; sans nul doute, elle me préservera du troi- « sième. Pour toi, mon frère, je te prie avec instance de « conserver l'ordre ecclésiastique tel qu'il est, de ne pas « souffrir qu'il soit en rien altéré, mais augmenté, s'il est « possible. » Comme les souffrances de la maladie s'ac- croissaient et devenaient intolérables, il se plaignait, di- sant : « J'ai regret de me voir enlever si promptement « de cette vie ; je voudrais plus longtemps combattre « dans le camp du Seigneur et souffrir plus longue- « ment, afin que la récompense me fût acquise ; mais

« cela n'est pas en mon pouvoir. Dieu à sa volonté « gouverne son royaume et en dispose; je voudrais que « le Seigneur m'accordât le prix que j'ai mérité ou que « je voudrais mériter; s'il le permet, prenant exemple « d'un voleur qui, surpris par une mort subite, dans une « mauvaise action, dans un vol, reçoit la peine qu'il a en- « courue, non-seulement pour le mal qu'il a fait, mais « pour celui qu'il eût fait, si la faculté lui en eût été lais- « sée. » Donc le bienheureux serviteur de Dieu voulut que la fête de la mère du Christ fut célébrée ; la nuit suivante, que l'Eucharistie lui fût apportée et que le viatique lui fût donné pour la vie éternelle. Cela étant fait, il exhortait ses frères réunis autour de lui à s'occuper avec plus de zèle du service divin et disait : « Je me souviens, mes « frères, et je vous ai rapporté qu'un prieur m'est ap- « paru, se plaignant de ses chanoines qui n'étaient pas « zélés pour le service de Dieu et les menaçant de maux « horribles, s'ils ne revenaient pas de toute leur âme aux « offices abandonnés; cela m'épouvante et voilà pourquoi « je vous dis : Servez le Seigneur avec crainte. » Entre temps, la renommée parcourait promptement les lieux voisins et faisait connaître, dans les localités les plus reculées, que la mort du bienheureux Geoffroy était prochaine. Il s'assembla donc une grande foule, tant de clercs que de laïques, qui désiraient assister à ses obsèques. Il vint aussi un homme portant l'habit religieux, qui se présenta devant le saint homme et, le voyant dangereusement malade, lui dit : « Seigneur Geoffroy, souve- « nez-vous de vos péchés et confessez-les, car il est à

« craindre que vous mouriez de cette maladie. » Ayan entendu ceci, le moribond garda le silence jusqu'après la sortie du religieux ; alors, se souvenant de cet avertissement, il répondit à cet absent, pour donner l'exemple d'une pénitence salutaire : « Mon frère, j'aurais réservé « mes péchés pour un temps inopportun, si j'avais différé « de les expier jusqu'à la fin de ma vie. »

XII

Les chanoines s'étant réunis s'inquiétaient de savoir à qui on pouvait confier dignement le priorat de cette église. Il y avait alors un homme simple et pieux, nommé Bernard, qui gouvernait l'église voisine de Saint-Nicolas, qu'il avait fondée. Il y avait réuni quelques moines; il s'était dévoué à Geoffroy et avait reçu de lui l'habit religieux et des bénéfices. Le jugeant digne du priorat, les chanoines du Chalard s'assemblèrent près du saint homme et lui dirent : « Seigneur notre père, il est nécessaire que notre « église soit pourvue d'un pasteur, de crainte que, privée « de ce patronage, elle ne chancelle. » Il leur répondit : « Dieu n'oubliera pas les malheureux, sa providence ne « se trompe pas dans ses vues ; » mais ceux-ci s'écrièrent : « Nous avons un homme excellent, le seigneur Bernard, qui gouverne l'église de Saint-Nicolas. » Alors l'homme de Dieu répondit : « Dites-moi comment celui « qui ne peut gouverner un petit nombre pourrait en « gouverner un grand, ou pourquoi il abandonnerait les

« siens. » Quelques-uns, qui passaient pour plus sages que les autres, répondirent : « S'il s'en trouve parmi eux « qui soient trop inexpérimentés, ils seront transférés « ici, où la règle est plus rigoureuse, et d'autres seront « envoyés à leur place, de ceux qui paraîtront avoir plus « d'intelligence. » Alors le serviteur de Dieu dit : « Épar- « gnez-moi, je vous prie, ne me tourmentez pas. » En effet, il se souvenait de la vision susdite ; il voyait que celui qu'ils demandaient n'était pas celui qu'il avait vu sur son siége. Voilà pourquoi il refusait. Il appela en secret celui qui lui avait été montré, et lui dit : « Que te sem- « ble-t-il de toute cette affaire? » « Cela me paraît bien, répondit-il, pour conserver la paix parmi nous. » Alors l'homme très-prudent, le voyant au-dessous... (*Ici est une lacune dans le manuscrit.*) Années encore et inégal à un tel honneur, bien qu'il eût un sens droit, se laissa aller aux prières du plus grand nombre, et permit de faire ce qu'il prévoyait sous peu de temps devoir être défait.

Ce Bernard étant donc venu, et ayant connu l'assentiment de saint Geoffroy, prit le nom et les fonctions de prieur. Il résistait cependant et affirmait qu'il n'était nullement bon de déserter sa demeure, à laquelle il revint deux ans après, ayant quitté le gouvernement de l'église du Chalard, averti par une vision. Alors fut réalisée la révélation faite à saint Geoffroy, l'ami et familier de ce dernier ayant obtenu heureusement son élévation à la dignité priorale, lequel, grâce à Dieu, aujourd'hui encore, vit bon et pieux, louable en toutes ses actions et agréable, attestant fidèlement les actes de notre maître Geoffroy ; mais sans de longues digressions je reviens à mon récit :

Le bienheureux Geoffroy, tourmenté par les souffrances aiguës de la maladie, ne pouvait en être accablé; l'esprit, par sa ferveur et son énergie, soutenait la chair, qu'il sentait faible outre mesure. Il se réjouissait cependant de l'intensité de la douleur qu'il éprouvait et en remerciait Dieu, sachant qu'il est écrit et bien persuadé que tout est bien pour ceux qui aiment Dieu. Ayant donc appelé ses frères, il les priait d'être assidus à l'office divin, et, selon les paroles de l'apôtre, d'être fermes et constants dans la charité. Cela dit, il ordonna qu'on le transportât dans son oratoire. Là, devant l'autel de la bienheureuse Marie toujours Vierge, les confiant à la garde de Notre-Seigneur Jésus-Christ et à sa pieuse Mère, il leur donna à tous sa bénédiction. Il alla vers le Christ dans la nuit qu'on appelle dominicale [1], la veille des nones du mois d'octobre, l'an de l'Incarnation de Notre-Seigneur mil cent vingt-cinq. Il fut honorablement inhumé dans le monastère de la bienheureuse Mère de Dieu. Ses obsèques furent célébrées pendant trois jours; les clercs de tout ordre, beaucoup d'hommes et de femmes nobles et une multitude de peuple y assistèrent.

XIII

Un certain Gaucher, illustre ermite, homme très-vertueux, célébra l'office de la messe et l'absoute ; rem-

1. Le dimanche 6 octobre 1126.

(Note d'A. Bosvieux.)

pli de piété, il déplora la mort du bienheureux Geoffroy, et fit devant le peuple à son sujet un très-beau sermon. Je dois dire, à l'honneur de l'un et de l'autre, comment il le commença. Tous étaient silencieux et attentifs, et les clercs, qui connaissaient son érudition et son habileté à parler, s'attendaient à le voir débuter par quelque parole de l'Écriture sainte ; mais lui, ne se servant pas de la langue latine, parla dans sa langue maternelle, commençant ainsi : « Certes, mes frères, cet excel-« lent homme est dans le port ; mais nous, nous demeu-« rons sur la mer. » Disant cela, il soupirait profondément et ne pouvait retenir ses larmes. Il continua ainsi avec tant de douceur, que tous étaient émus et beaucoup jusqu'à pleurer. Le bienheureux Geoffroy, depuis qu'il fut venu sur cette montagne, vécut trente-huit ans moins trois mois et deux semaines.

LIVRE TROISIÈME

DE LA

VIE DE SAINT GEOFFROY

PROLOGUE

Je me suis efforcé de transmettre par écrit à la postérité quelques miracles que Dieu a daigné opérer par saint Geoffroy ; je les ai connus par le rapport de témoins très-véridiques, et plusieurs m'ont assuré qu'ils avaient été faits par les mérites de ce saint. En effet, l'Église fidèle rejette les choses qui ne sont pas certaines ; elle chérit plus particulièrement et honore avec plus de dévotion les saints dont les miracles ont le plus d'éclat et de certitude. Je m'attache donc volontiers aux miracles rapportés par des hommes réfléchis et sincères, et je ne m'occupe pas de ce que beaucoup d'autres racontent. Qu'il soit donc présent et vienne à mon aide, cet esprit vivifiant qui est Dieu et qui rend éloquente la parole des petits enfants ; qu'il me dirige sur cette mer et daigne me conduire au port.

XIV

Un homme malade de la fièvre vint au tombeau du bienheureux Geoffroy, demandant ses suffrages et croyant revenir par son intercession à sa santé première. Il ne put cependant obtenir ce qu'il espérait, jusqu'au moment où, suivant un sage conseil, il se dépouilla de vêtements qu'il avouait lui-même être venus à son usage par un vol. Ayant confessé sa faute et revêtu d'autres habits, il se présenta devant le sépulcre du saint homme, demandant, par sa miséricorde et ses mérites, de recevoir la grâce qu'il sollicitait, son entière santé. Là même, le Seigneur lui accorda ce qu'il demandait dévotement, confiant dans les mérites du bienheureux Geoffroy, et la fièvre le quitta. Plusieurs personnes furent témoins de ce prodige et glorifièrent le Seigneur admirable dans ses saints.

XV

Une autre fois, Dieu donna une preuve de la sainteté de notre patron, que je crois devoir confier à la mémoire publique : un homme de notre pays devint tellement insensé, qu'il commettait une foule de méfaits, fuyant la croix du Seigneur, détestant le corps de Dieu lui-même et faisant d'autres actions que je ne puis rapporter. Comme donc il était tourmenté par cette longue maladie de corps et d'esprit, on désespéra des secours humains et on eut recours à celui de Dieu. Il fut donc saisi par ses amis, et conduit de force au tombeau de saint Geoffroy. Retenu là, on fit des prières et des vœux ; on invoqua le saint pour que cet homme revînt à la raison. Donc s'étant endormi, après les fatigues d'un accès qui avait duré tout le jour, il vit un homme très-beau, vêtu de blanc, resplendissant d'une lumière éclatante (c'est ce qu'il rapporta), qui, s'approchant de lui, lui dit : « Lève-toi de là, lève-toi, car tu es guéri. » Donc s'éveillant, il commença à invoquer Dieu et son saint, au grand étonnement des assistants. Se levant, il montrait par des signes évidents que sa folie avait disparu. Il louait Dieu et saint Geoffroy, disant, à haute voix, comment le saint lui était apparu et affirmant qu'il l'avait guéri. Le peuple, apprenant qu'un tel miracle avait été opéré par le saint de Dieu, courut à son sépulcre, louant le Seigneur. Ce miracle fut publié ; tous l'avaient connu, cet homme, comme étant devenu insensé, et lui-même racontait comment il avait perdu la raison : « Tandis, disait-il, que « j'étais dans la forêt, à couper du bois, il vint à moi un « guerrier tout noir, à cheval, portant une lance de feu ; « il me parut être le chevalier décédé depuis peu, qui « avait la propriété de cette forêt. Me regardant avec « des yeux effrayants, il courut à moi en élevant une voix « terrible, et me menaçait en disant : *Pourquoi coupes-« tu et détournes-tu mon bois ?* Tout en disant cela, il me « frappait de sa lance. Stupéfait, je tombai à terre de « terreur, en criant très-fort. Mes compagnons, qui « étaient dans une autre partie de la même forêt, accou-« rurent, entendant mes cris, au lieu où le bruit s'était

« fait, et me trouvèrent demi-mort et gisant sur le sol. Je « devins insensé, de telle sorte qu'on n'avait jamais vu « de folie pareille. Mais grâce à Dieu, puis à la bonté de « saint Geoffroy, j'ai échappé à ce mal, comme tout le « monde le sait. »

XVI

Dieu fit par Geoffroy son saint un autre miracle admirable, que je rapporterai brièvement : un homme de la domesticité du bienheureux, qui servait les chanoines pour faire cuire le pain, souffrait d'un mal grave, l'épilepsie, qui était si violente qu'elle allait jusqu'à la folie. Conduit au tombeau de Geoffroy, notre maître et le sien, il y dormit quelque temps et se leva, se proclamant guéri; il racontait que, de ses propres yeux, il avait vu le bienheureux serviteur de Dieu couvert de riches vêtements, et avait sans nul doute reçu de lui une santé parfaite. Délivré donc d'une maladie cruelle, par les mérites du bienheureux, il se réjouissait dans le Seigneur, le remerciait d'un si glorieux présent, d'une telle bonté, et proclamait hautement que Geoffroy était saint et chéri de Dieu. Les clercs et le peuple, qui l'avaient vu longtemps malade, furent remplis de joie du grand et manifeste miracle que le saint de Dieu avait fait.

Ici finit la vie de saint Geoffroy, le vingt février mil cinq cent un de l'Incarnation de Notre-Seigneur [1].

1. Cette date, qui correspond au 20 février 1502, est celle du manuscrit sur lequel a été prise la copie éditée par A. Bosvieux.

QUELQUES RÉFLEXIONS

A PROPOS DE LA VIE DE SAINT GEOFFROY

Lorsque l'homme du monde, le savant ou l'habitant quel qu'il soit de notre pays, demandent, trop souvent avec un certain dédain : Qu'est-ce que c'est que saint Geoffroy? on ne trouve, même après avoir lu cet opuscule, d'autre réponse à faire que celle-ci : Saint Geoffroy est un pieux solitaire, qui a rebâti l'église du Chalard, autrefois détruite par les Normands. Ce sera là le très-simple résumé de ce qu'était ce moine, qui vivait à la fin du onzième et au commencement du douzième siècle. Puis viendront les artistes qui prendront des croquis de l'église, de ce qui reste de l'abbaye, et admireront le paysage; ensuite les archéologues qui toiseront les voûtes, mesureront les arcades, s'assureront que primitivement il existait une nef de l'église dont on voit encore la naissance, des cintres, deux petites nefs latérales à la grande; que le temple ne conserve plus que les deux bras de la croix latine et le chœur; deux chapelles, à droite et à gauche du sanctuaire. Que sais-je encore? comme cela déjà a été fait, quelque antiquaire ou simplement quelque faiseur de manuels écrira ses impressions, ses remarques, ses conjectures dans des annales de la Haute-Vienne, un guide des voyageurs, etc., etc., etc. A tous ces gens, très-honorables, très-savants, très-connus souvent par leurs ouvrages artistiques, scientifiques et littéraires, je dirai, moi, simple amateur : « Vous connaissez « le matériel de notre vieux monument, mais vous igno- « rez ce qui lui donne la vie, vous ne connaissez pas ce « que j'appellerai son âme ; cette âme, on ne la connaît « que par le manuscrit découvert par M. Bosvieux. On « ne sait que bien peu de chose sur le monastère du « Chalard, lorsqu'on n'a pas lu ces quelques pages qui « se cachaient sur les rayons de la Bibliothèque nationale, « sans présenter d'intérêt à ceux qui ne connaissaient « pas les lieux dans lesquels très-certainement elles ont « été écrites. Lisez donc la vie, la naïve et simple bio- « graphie de saint Geoffroy, composée par un moine son « contemporain, très-certainement son disciple ; lisez-la « attentivement et vous en apprendrez beaucoup plus « sur l'histoire du onzième et du douzième siècle en Li- « mousin, sur les habitudes de la société civile et reli- « gieuse au moyen âge, et même dans ce pays, sur les « ruines, très-curieuses du reste, qui ont été l'objet de vos « investigations. »

Je développe ma pensée et je répète la question : Qu'est-ce que saint Geoffroy ? Je réponds : Saint Geoffroy était tout simplement un homme d'un grand savoir ; il était aussi remarquable par ses connaissances de toute nature que par sa piété ; il était grand aussi par son œuvre qui a traversé huit siècles ; il peut s'appeler un grand homme et je prouve ce que j'avance. Vers le milieu du onzième siècle, il y avait non loin de la Souterraine, à Boscavillo, près Bridier, dans la Marche, un petit garçon, qui laissait voir une vive intelligence, une piété qui s'annonçait devoir devenir ardente, une grande envie d'entrer dans les ordres sacrés, le seul asile alors des sciences et des lettres. Moins heureux que notre Dupuytren à Pierre-Buffière, l'enfant, en jouant dans les rues de Boscavillo, ne rencontra pas un homme généreux pour l'emmener hors de son village et faciliter ses études; mais Dieu lui avait donné des parents qui, malgré leur peu de fortune, au lieu d'en faire un maçon qui leur eût gagné de l'argent sans plus attendre, voulurent en faire un homme instruit, *un clerc*. Tout le temps que cela leur fut permis par leurs ressources pécuniaires, ces braves gens envoyèrent leur petit Geoffroy à l'école du village. Ceci nous apprend, soit dit en passant, que Boscavillo, qui aujourd'hui peut-être n'a pas d'instituteur, avait une école en 1040 ou 1050; mais je laisse là le détail et je passe outre. Donc, tout en allant à l'école, le futur fondateur de l'église, du monastère et de la paroisse du Chalard, le civilisateur de la vaste forêt d'alentour, mangeait du pain chez son père. Mais il fallait payer les mois de classe; c'était bien lourd pour de petites gens; les parents de Geoffroy ne purent longtemps porter ce fardeau; ils l'envoyèrent donc à Tours, chez un oncle qui s'y était établi. J'ignore ce que faisait à Tours ce brave homme, mais je remarque que, dès ce temps-là, les Creusois, ou plutôt les Marchois, allaient hors de leur pays chercher fortune, et que parfois, comme encore aujourd'hui, le sort leur était favorable. Quoi qu'il en soit, Geoffroy ne se contenta pas des écoles de Tours et de l'instruction que son oncle lui faisait donner généreusement dans cette ville. Tout ce qu'on pouvait apprendre dans la cité de saint Martin ne se trouva pas suffisant pour cette âme avide de science, et il dut, dit le manuscrit, aller plus au loin chercher de plus fortes études : *ad altiora mens levans*. Alla-t-il à Poitiers, la ville toujours savante ? à Toulouse, la reine du midi de la France ? à Paris, la ville studieuse au moyen âge ? Je l'ignore ; tout ce que je sais, c'est que *longius inde procedit*, qu'il alla plus loin que Tours n'est de Boscavillo.

A son retour, le jeune clerc était suffisamment instruit : *doctrinis liberalibus sufficienter armatus*, dit l'hagiographe; il avait acquis un savoir qui, pour n'être ni obligatoire ni laïque, était le plus élevé qui se pût donner au XIe siècle, qui comptait cependant Abailard parmi ses lettrés et ses professeurs. Geoffroy n'était donc pas de ces clercs grossiers et ignorants, tels que quelquefois on se plaît à nous les montrer au moyen âge; c'était un homme remarquable par son instruction. Il n'avait vis-à-vis des doctes de nos jours d'autre infériorité que l'outrecuidance de n'avoir pas la prétention de descendre des singes. Cependant, au moyen âge, comme de notre temps, il ne suffisait pas d'être lettré, d'être savant; il fallait être protégé par quelqu'un d'influent pour devenir professeur, voire même simple maître d'école. Ce Mécène indispensable, la Providence le fit rencontrer par celui que le biographe appelait déjà l'homme de Dieu. Ce protecteur des lettres et de ceux qui les enseignaient était ce qu'on appelait à cette époque un monnayeur, *numularius*, c'est-à-dire un grand financier, comme Geoffroy était un illustre savant ; cet homme riche n'était ni de Rome ni de Paris, si j'en crois mes conjectures, il n'était pas de Limoges qu'il habitait, il était de Florence. En effet, comme le dit l'histoire et aussi le Dante, lequel vivait à cette époque, qui n'était pas beaucoup plus moderne que celle de Geoffroy, les Florentins avaient, au moyen âge, l'habitude de venir en France, pour y faire ou le plus souvent accroître leur fortune.

O Fortunate! e ciascuna era certa
Della sua sepultura ed ancor nulla
Era per Francia nel letto deserta[1].

Or Limoges, ville de commerce dans tous les temps, avait au XIᵉ siècle ses Italiens, ses Florentins, ce que vulgairement on appelait les Lombards ; voilà pourquoi, avec cette circonstance que le protecteur de Geoffroy était monnayeur, ainsi que l'attestent les détails de ses funérailles et qu'il portait le nom de Bruno, je présume qu'il était Italien et de Florence, car, ainsi que l'atteste le *Decamerone* de Boccace, ce nom était commun dans la ville toscane.

Qu'il fût ou ne fût pas de Florence, Pierre Bruno avait une très-grande situation commerciale ; son état

1. DANTE, *Paradiso*, cant. XV, v. 118 et suiv.

de maison était considérable ; il avait un intendant, un *bayle*, comme on disait alors. Il ne s'occupait nullement de sa dépense intérieure, et au point de vue historique des habitudes de la société française, à Limoges en particulier au XIe siècle, cette existence même, pour un simple bourgeois, un marchand, est un fait à remarquer, ainsi que les amitiés et les hautes relations de Bruno avec les princes de l'église et les plus grands seigneurs. Il prouve clairement que le tiers état était déjà quelque chose, malgré ce qu'avancent certains écrivains modernes.

Je reviens à saint Geoffroy : donc, quelque temps après qu'il eut achevé ses hautes études, qu'il était allé faire plus loin que Tours, Bruno, duquel je viens de parler, signalé par l'hagiographe comme doué à un haut degré de toutes les qualités sociales et de toutes les vertus chrétiennes, le manda à Limoges où il se rendit en toute hâte : *Ad urbem lemovicam festinat*, dit le texte latin. Mais ce qu'il ne dit pas, c'est le motif de ce voyage de Geoffroy à Limoges. En effet, comme vient de le prouver le manuscrit, Geoffroy avait fait des études remarquables; il était ce que l'auteur appelle un maître, *magister*, et très-certainement un maître hors ligne. Il fallait bien qu'il en fût ainsi, puisque, dès son retour des grandes écoles, sa réputation de savant était venue jusqu'à Limoges, ville assez éloignée de Tours et même de Boscaville, le lieu de naissance de notre saint, et nous savons que cette naissance était commune ; qu'il était, comme dit son historien, *humili genere*. Comment donc, sans un grand renom de savoir, aurait-il été connu d'un grand négociant de Limoges, comme était Pierre Bruno? Or, lorsque celui-ci se disposait à lui donner une généreuse hospitalité, que voulait-il de lui? ce n'était pas un chapelain duquel il voulait s'assurer les services, puisque Geoffroy n'était pas encore prêtre et que nous verrons plus tard comment il le devint; c'était un maître, *magister*, mais non pas un maître vulgaire, mais un maître capable de diriger les écoles, et je le prouve. En effet, Bruno, voyant la grande piété de son hôte, lui conseille de se faire ordonner prêtre; Geoffroy résiste, et parmi les motifs qu'il donne de son refus je trouve celui-ci qui devient un trait de lumière : il opposait le soin des écoles (au pluriel), de l'instruction desquelles il s'occupait : *Occupationem scholarum quibus docendis tunc multus vacabat opponeret.* Voilà donc deux points importants acquis à l'histoire de notre pays et à l'histoire particulière de notre fondateur de l'église du Chalard : le premier, c'est que Bruno, au XIe siècle, se servait de sa grande fortune pour soutenir à Limoges l'instruction publique; c'est ensuite que dans le moyen âge, qu'on nous peint si ignorant, si barbare, un marchand lui-même s'occupait de propager les lumières; le second, c'est que Geoffroy était un savant très-distingué, puisque Bruno lui avait confié la direction des écoles.

Cette renommée de Geoffroy devenait de jour en jour plus éclatante; elle le fit connaître d'un homme bien plus important que ne l'était l'orfévre ou le financier

Bruno, quelque riche qu'il fût. Cet homme ne fut rien moins que l'abbé de Cluny. Personne n'ignore ce qu'était au moyen âge un abbé de Cluny; celui-ci était des plus illustres : c'était Hugues, qui introduisit à l'abbaye de Saint-Martial de Limoges la réforme établie à Cluny, en 910, par saint Bernard. Tout en voyageant, pour propager cette réforme de son ordre, ce prélat cherchait à le recruter de religieux doués, outre leur piété, d'un savoir incontestable, ainsi que l'ont toujours été les Bénédictins. Sous ces deux rapports, Geoffroy lui fut sans doute signalé; aussi il se garda bien de négliger l'acquisition d'un pareil sujet; s'adressant à Bruno, il lui dit : « Amenez-moi ce maître, votre hôte, duquel tous pu« blient la vie innocente. » Ainsi donc, le prélat voulait, il faut bien le croire, puisque c'était un saint, voulait, dis-je, appeler à lui celui duquel on vantait la vie innocente, mais en le désignant par cette qualité, *le maître;* il est clair aussi qu'il avait ses vues sur le savant. Ce dernier comprit sans hésiter quelles étaient les intentions de l'abbé et répondit : « Je sais ce qu'il me veut; pour cette « raison, je n'irai pas vers lui; il me demandera de me « faire moine; *precabitur ut monachus fiam,* » dit le texte; et en effet il n'y alla pas, échappant ainsi aux inconvénients de toute sorte qu'il voyait à se soumettre aux volontés d'un saint. Ici éclate la supériorité incontestable de Geoffroy; il était sincère, lorsqu'il disait qu'il ne voulait pas se faire moine; mais il comprenait admirablement qu'il n'était pas fait pour occuper une position inférieure, même dans un couvent de Bénédictins; il sentait en lui l'énergie et les talents d'un fondateur. Hugues, de son côté, avait compris tout d'abord quel était l'homme qu'il avait mandé, et, au lieu d'être blessé de sa résistance, il donna des éloges à sa volonté inébranlable : *Ugo constantiam immobilem laudavit, et quæ de illo dicebantur bona libentius audiebat.*

Le saint à cette époque était prêtre ; le siége de Limoges était vacant ; il avait été ordonné par Raynaud, évêque de Périgueux, sur les instances de Pierre Bruno, ami particulier de ce prélat ; il avait célébré dans le monastère de Saint-Martial sa première messe, il était dès lors très-connu pour sa sainteté, et le vicomte de Limoges, Aymard II, regardait comme une si grande grâce d'assister à cette messe qu'il avait demandé cette faveur par ses prières et fut témoin d'un miracle que raconte l'hagiographe.

Ainsi, au moment de se retirer du monde, de fonder un monastère, Geoffroy avait un tel renom de savoir et de piété, qu'il était connu des prélats et des seigneurs les plus illustres, qu'il était le commensal et l'ami de l'un de ces commerçants tels que seules en produisaient alors Venise et Florence. Nous venons de le voir à Limoges, dirigeant les écoles sous le patronage de Bruno ; nous allons le suivre au Chalard, où nous tirerons de ses actes quelques enseignements encore qui ne sont pas sans valeur pour l'histoire du Limousin.

Comme le dit le texte latin, suffisamment armé de savoir, *doctrinis liberalibus sufficienter armatus*, n'étant pas de ceux qui ont le zèle de Dieu mais non la science, *ex illis qui zelum Dei habent sed non in scientia*, Geoffroy quitta Limoges pour se livrer à la vie contemplative ; il partit pauvre comme les apôtres, n'emportant que sa piété, son dévouement et son intelligence et, accompagné de deux disciples seulement, il arriva à Ladignac. Ici je m'arrête pour faire connaître ce que j'appellerai le théâtre de la guerre, je veux dire celui de cette lutte que l'homme de Dieu va engager avec les contradicteurs de ses projets, le civilisateur avec la nature sauvage.

Je dois commencer par dire ce qu'était Ladignac à cette époque et faire connaître l'état matériel de la contrée d'alentour. En 1080, Ladignac était un centre relativement important, presque une ville ; il y avait dans cette localité plusieurs chevaliers, des prêtres riches, une population assez considérable. Mais au delà, au midi et au couchant, étaient la solitude, les bois, le désert. Cette solitude, ce désert, avaient été faits par la nature d'abord, ensuite par les ravages de ces terribles Barbares, les Normands, qui, fidèles à leurs habitudes de remonter le cours des fleuves pour ravager et piller les pays que ces fleuves arrosaient, étaient entrés dans cette partie de la France, soit par l'embouchure de la Gironde, pénétrant ensuite par la rivière d'Isle jusqu'à Périgueux, soit par l'embouchure de la Charente jusqu'à Angoulême ou au delà ; puis, quittant ces voies naturelles, étaient arrivés à la riche abbaye du Chalard, fondée au commencement du IXe siècle par Roger, comte de Limoges. Là ils avaient massacré l'abbé qui s'appelait Paul, et ses religieux, surpris, dit une tradition, pendant qu'ils célébraient l'office divin. Enfin ils avaient dévasté les terres du monastère et mis à mort les colons qui les cultivaient. *Loca perdidimus, periere coloni*, dit cet abbé Paul à Geoffroy dans une vision. Peut-être aussi ces Barbares détruisirent-ils une abbaye de femmes que la tradition place dans une presqu'île formée par la rivière d'Isle, à l'ouest du Chalard, au lieu appelé les Mongiaux. Ce qui me ferait croire à ce dernier événement, c'est que le livre qui m'occupe ne parle d'autre monastère voisin que de celui de Saint-Nicolas, et que dans aucun monument historique, du moins de ceux que je connais, il n'est fait mention de ce couvent de femmes, duquel il ne reste que quelques vestiges, tellement informes, qu'on ne peut sérieusement conjecturer à quelle époque il a été détruit. Toutefois, une tradition constante témoigne qu'il a existé et le nom même gardé par cet emplacement donne lieu de croire qu'il a été habité par des solitaires, Monges.

Il est certain aussi, par le texte que j'ai traduit, que de Courbefy, château important à cette époque (depuis possédé par les Sully, desquels il vint aux Albret, puis de ces derniers aux Bourbons, enfin aux Jumilhac, qui s'élevait sur une montagne, au nord-ouest du Chalard, près Saint-Nicolas), s'étendait une vaste forêt, portant dans son entier le nom de Courbefy. Cette forêt, soit de fait, soit de droit, dépendait de la paroisse de Ladignac : ainsi tout ce qu'il y a de cultivé, entre Courbefy, le Chalard, Ladignac et même dans un certain rayon au sud du Chalard, c'est-à-dire les villages plus ou moins considérables de Saint-Nicolas, Lamorelie, Bourneire, les Salesses, etc., a été pris sur les défrichements exécutés soit par les chanoines réguliers du Chalard, soit par ceux de Saint-Nicolas, essaim sorti du Chalard, ou tout au moins par leurs soins et sous leur direction.

Voyons pour un aussi grand travail quelles étaient les ressources de notre saint fondateur. De tout ce que nous savons il résulte qu'il n'en avait d'autres que sa forte volonté, son profond savoir et sa foi religieuse. En effet, à l'insu de son protecteur Bruno, par conséquent privé des moyens matériels que celui-ci aurait pu lui fournir, il quitta Limoges avec deux compagnons, très-probablement aussi pauvres que lui, Pierre et Edmond ou Eudemond; il arriva à Ladignac, cherchant un lieu qui lui avait été montré dans une vision. Un prêtre riche, qui habitait Ladignac, Gerald ou Aymeri, les reçut à bras ouverts, et leur offrit ce qui leur manquait, de l'argent, promettant à Geoffroy mille sous, somme considérable dans ce temps-là, s'il consentait à fonder un couvent à Versaveau, village de la paroisse de Ladignac. Ce lieu, visité soigneusement, ne convint pas à Geoffroy : il n'était pas semblable à celui qui lui avait été montré dans sa vision. Ce fut alors qu'intervint un homme du pays, Martin, qui fit connaître une partie de la forêt, *in hoc ipso nemore,* dans laquelle se trouvaient les ruines de l'abbaye détruite par les Normands. Je constate ici que les détails de l'allocution prêtée à Martin confirment ce que je dis de l'existence de cette vaste forêt, au sud et à l'ouest de Ladignac, car ses ruines étaient dans la même forêt où se trouvait Versaveau, sans que Martin indique rien qui rompît la continuité de ce bois. Voilà donc que le futur prieur du monastère du Chalard arrive aux ruines de l'ancien couvent ; qu'il s'y établit en ermite avec ses deux compagnons, dans une hutte construite par un solitaire venu de Flandre ; tel est le point de départ de notre fondateur : nous allons voir à quel résultat il parvint.

Il y avait à Ladignac un chevalier, Guy Panthena, qui, ainsi que le pensait Bruno, pratiquait largement l'hospitalité. Chez lui était logé, soigné et nourri un pauvre aveugle très-pieux, que l'hagiographe nous présente comme ayant reçu d'en haut le don de prophétie. Ce brave homme, près de mourir, reçut la révélation de la prochaine réédification de l'église du Chalard. Dans les détails si dramatiques de ses derniers moments je trouve des circonstances qui retracent naïvement les mœurs et les croyances de l'époque. De nos jours, un pauvre homme, quelque saint qu'il fût, n'aurait à son chevet que quelque sœur de charité et le prêtre de la paroisse ; dans la maison de Guy Panthena, au onzième siècle, notre hagiographe nous fait voir qu'il en était autrement. Le moribond était le héros du moment ; l'importance du chevalier, son hôte, disparaissait devant la sienne ; tous les voisins s'empressaient autour de ce malade et, pour faciliter le départ de cette pauvre âme, ils apportaient d'abondantes aumônes. Certes, ces offrandes étaient de trop pour le malheureux qui allait expirer ; il n'avait pas certainement alors un appétit qui pût suffire à consommer les pains et les demi-pains qu'on accumulait autour de lui ; le bon Panthena, d'ailleurs, ne l'eût pas laissé souffrir de la faim ; mais il y avait assurément d'autres pauvres dans la paroisse, et ces bonnes gens pensaient avec raison que leurs largesses ne seraient pas inutilement faites ; ils savaient que *feneratur Domino qui miseretur pauperis ;* qu'ils prêtaient à Dieu par ces aumônes et que le Seigneur les rendrait avec usure, tant à eux-mêmes qu'à cette pauvre âme qui était dans les angoisses de la mort. Il arriva donc que cette mort de son hôte et sa prophétie firent prendre à Guy Panthena un rôle actif dans l'œuvre du bienheureux Geoffroy ; Guy se mit en rapport avec le saint, lui raconta la vision du pauvre, l'aida de ses deniers, et se fit inhumer dans cette église miraculeusement prédite et presque aussi miraculeusement rebâtie.

Il y avait aussi à Ladignac un autre chevalier, Gérald Beccada ou Bechade, troubadour et guerrier. Si j'ai un souvenir fidèle d'avoir vu quelque part ce chevalier nommé parmi les poëtes du moyen âge, ce fut lui qui fut la cause bien involontaire sans aucun doute des débats du saint avec le curé de Ladignac, débats racontés avec détail par l'hagiographe et qui sont, dans la vie de Geoffroy, un épisode qui, appuyé des documents historiques, a un certain intérêt pour le Limousin. En effet, Bechade persuada au curé de Ladignac de porter au Chalard ce qui était nécessaire pour célébrer la messe, et cet incident fut le point de départ de la querelle ; car Geoffroy partant de là continua à dire les offices et entra par là dans une voie de concurrence, à l'occasion de laquelle je remarque une chose qui, au point de vue de l'histoire, a une certaine importance. Des plumes plus autorisées que la mienne nous ont en effet appris comment, au moyen âge, se formait une commune; et moi à mon tour, sans avoir la prétention de montrer d'une manière certaine comment s'établissait une paroisse, je crois à cet égard devoir émettre une opinion qui, tirée du manuscrit, n'est pas tout à fait conjecturale. Voici ce qu'il en était : sur un point quelconque on bâtissait une église; on y célébrait la messe; on y allumait un cierge pascal; les voisins venaient y assister au service divin; puis ce qui avait été d'abord un accident devenait une habitude; les fidèles du voisinage portaient leurs oblations au desservant de la nouvelle église; ils négligeaient, s'ils n'abandonnaient pas l'ancienne paroisse, et la nouvelle était fondée. C'est là exactement ce qui arriva au Chalard, en 1088, surtout après la sentence rendue par l'évêque Raynaud; les voisins de l'église du Chalard en devinrent les paroissiens avec ceux qui bâtirent autour du monastère, et laissèrent l'église de Ladignac. Voyons un peu comment cela se fit : le procès s'engagea; les parties étaient d'un côté le prêtre de Ladignac, assisté de son protecteur, l'archidiacre Bruscard; de l'autre côté, le fondateur Geoffroy. Il n'y avait pas d'évêque à Limoges, l'évêque de Périgueux fut pris pour juge; Pierre Bruscard, parlant pour le curé, reprocha à Geoffroy de distraire le Chalard et ses environs de la paroisse de Ladignac, et d'en former une nouvelle; d'avoir dit la messe avec le cierge pascal; enfin de percevoir les droits et oblations qui devaient revenir au curé de Ladignac. Le saint plaida lui-même et obtint gain de cause. Dès lors, la paroisse qui s'était formée de fait exista de droit et s'est conservée jusqu'à nos jours. Je remarque que la sentence rendue par l'évêque Raynaud ne contient qu'un dispositif : *Fac quod faciebas, nec cures verba profani. Fais ce que tu avais l'habitude de faire, et ne prends pas souci des paroles d'un impie.* C'était raide et laconique; mais les motifs qui n'étaient pas exprimés étaient faciles à ajouter : en premier lieu, Geoffroy n'avait pas célébré la messe de son propre mouvement; il ne l'avait célébrée que sur les instances du réclamant lui-même; c'était le prêtre de Ladignac qui lui en avait fourni les moyens matériels; c'était là un point de fait qui ne fut pas même mis en question. Mais ce qui était plus décisif et devait paraître tel à l'évêque qui connaissait parfaitement l'état des lieux et les traditions, c'était que le comte Roger avait donné le sol sur lequel une première église, celle détruite par les Normands, avait été bâtie ; où le premier monastère, celui de Paul, échappait à la juridiction de l'église de Ladignac, si, comme cela est très-possible, il n'avait pas été construit plus anciennement que cette église voisine. En distinguant le Chalard d'une autre paroisse, en reconstruisant l'ancien monastère, Geoffroy n'ôtait rien à l'église de Ladignac; il ne faisait autre chose que réparer un désastre et faire ce que nous avons fait, il y a quelques années, en séparant la commune du Chalard de celle de Ladignac à laquelle cette commune avait été réunie de fait et jamais de droit, comme, avant saint Geoffroy et depuis Paul, la paroisse du Chalard ou plutôt son territoire avait été réuni à la paroisse de Ladignac de fait et jamais de droit.

Dans le cours de ce procès, je rencontre encore autre chose à noter : dans la prosopopée, que l'hagiographe place dans la bouche de l'envie, je lis : « Que donneras-tu à l'évêque et aux autres prélats? *Quid dabis episcopo et cœteris Ecclesiæ prelatis?* » A cette époque donc, au XIe siècle, les évêques et les prélats avaient un casuel qui se prélevait sur celui des curés. J'y lis encore : « Que donneras-tu aux chevaliers? *Quid ipsis militibus?* » Donc les seigneurs, les chevaliers prélevaient aussi des redevances sur le casuel des curés et les oblations du prêtre qui par ce moyen sans doute s'assuraient leur protection armée contre les pillards et autres exacteurs si communs à cette époque.

Puis, dans le discours adressé à l'évêque par saint Geoffroy, je lis : « Revenant du Périgord, j'ai passé par la forêt « de Courbefy, que j'ai trouvée propre à recevoir un éta- « blissement religieux. *Habui transitum per silvam quæ* « *vulgo Curvifincam nuncupatur ; quem locum diligentius* « *intuens Deo servientibus idoneum fore perpendi.* » Il faut croire que le saint n'avait pas vu les ruines de l'ancien monastère, mais l'ensemble de la forêt, que le motif qui lui avait fait tout d'abord désirer de s'établir dans la forêt de Courbefy était tiré de la convenance du lieu en général et non de la facilité que lui donnaient les ruines pour une construction nouvelle, sans quoi sa vision serait une fiction indigne de lui et il n'aurait pas du reste eu besoin d'apprendre de Martin l'existence de ces ruines déjà connues de lui. Il faut encore induire de cette désignation *la forêt* que, ainsi que nous l'avons déjà vu par le discours de

Martin, tout le pays n'était qu'un bois rempli de bêtes fauves.

Enfin, toujours dans les détails de ce débat, je vois que l'évêque Raynaud siégait à Saint-Yrieix, dans la salle vicomtale; plus loin, dans le cours général du récit, j'apprends que le vicomte de Limoges, Aymard II, donna à saint Geoffroy le territoire de l'abbaye du Chalard; qu'il lui fit cette largesse à Saint-Yrieix, dans une chambre de son palais : *in camera aulæ suæ*. Il y avait donc alors à Saint-Yrieix (en 1088) un palais vicomtal, dans lequel le seigneur du Limousin tenait parfois sa cour et dans lequel se rendait la justice; mais je n'ai trouvé nulle part quel était l'emplacement occupé par le château du vicomte. Il faut donc chercher dans les antiquités de Saint-Yrieix que nous avons connues ce que nous ne pouvons savoir par un document certain. Il est plus que probable que ce palais était dans un lieu voisin de la Collégiale du *Moutiers*, puisque, pendant tout le moyen âge et jusqu'aux guerres de religion au XVIe siècle, on sait par l'état des lieux et tout ce qui a été écrit sur cette ville que l'enceinte de la cité, ce qui était fortifié, était la partie de la ville actuelle renfermée dans une continuité de remparts, qui partait de la maison du doyen, aujourd'hui la maison d'arrêt, prenant par la maison de la Faye et les jardins à la suite, y compris ceux de M. le curé de La Laurencie et de M. Fraissange, tournait par le haut de la place où est la halle, passait par le jardin Massy, les maisons Limousin et Ferald sur l'emplacement desquelles était le château de la prévôté, passait encore par l'hospice actuel et l'entrée de la rue des Plaisances, où s'ouvrait la porte des Hors, et revenait à la prison du Doyenné, par la maison des Frères et l'école communale des filles, dernières maisons en face desquelles se voient encore les traces très-apparentes des fossés. Il n'y aurait donc rien d'absolument impossible que la vieille tour du Plot ou du Plaud fût l'ancien donjon de ce palais vicomtal, et que son nom, par une corruption bien naturelle, lui soit venu de ce que, pendant le moyen âge, elle était une dépendance du lieu où on rendait la justice; qu'elle fût ainsi la tour du *plaid*, dont le nom, à travers les siècles et défiguré par le langage du vulgaire, serait devenu le *plot* ou le *plaud*.

Laissons là cette question de l'emplacement du palais vicomtal ; je constate que c'est dans ce palais qu'en 1088 Aymard II fit don à Geoffroy du monastère de Paul et de ses dépendances. Sa possession étant ainsi devenue sérieuse de fait et de droit, le pieux solitaire commanda la reconstruction qu'il s'était voué à faire. Par où commença-t-il ? en d'autres termes, quelle est la partie la plus ancienne de l'église et de l'abbaye du Chalard? Geoffroy commença très-certainement par son ermitage, qui devint ensuite son oratoire, duquel il est si souvent parlé dans sa biographie; car, en effet, ce qu'il y avait de plus urgent, c'était de se mettre, lui et ses compagnons, à l'abri des injures de l'air pendant qu'ils reconstruiraient le monastère et l'église.

Ce premier refuge, ainsi que je l'ai dit d'après le manuscrit, Geoffroy et ses compagnons le trouvèrent d'abord dans la hutte construite par l'ermite flamand; puis ils bâtirent un ermitage plus solide, qui devint plus tard l'oratoire du prieur. Cet oratoire, j'ai la conviction la plus entière que je l'ai retrouvé, et qu'il n'est autre que la petite chapelle en contre-bas au midi de l'église. Ce qui me prouverait que je ne me trompe pas, c'est d'abord l'état matériel des lieux, ce sont ensuite des détails du récit de l'hagiographe. Je viens de le dire, il fallait d'abord au saint et à ses compagnons un abri; cet asile, ils ne pouvaient le chercher dans les ruines qui, d'après le monument, ne présentaient qu'une série de murs qui dépassaient de très-peu le sol, ni dans les deux masses carrées de construction, au levant et au couchant. Quoi de plus naturel que le Flamand d'abord et Geoffroy ensuite se fussent réfugiés, eussent construit, en s'appuyant à ce qui restait de l'ancien sanctuaire, à la masse carrée, au levant? Lorsqu'on examine attentivement cette petite chapelle, on remarque qu'elle est une construction plus ancienne que l'église, ainsi que le long bâtiment, attenant à l'église au midi, qui recouvre presque dans son entier ce petit sanctuaire. Ce grand bâtiment contient : 1° la nef de la chapelle et un grenier à foin au-dessus ; 2° un ancien cloître, et au bout de ce cloître un passage ouvert au levant et au couchant. Au-dessus de ce cloître et du passage se trouve un vaste espace qui fait suite au grenier à foin qui couvre la chapelle, lequel espace sert d'aire à battre le grain et d'emplacement pour loger les gerbes ; au levant et au couchant sont les deux longues façades de toute la construction : la façade du levant est dépassée de toute la longueur du chœur de la chapelle, soit de trois mètres, et présente à peu près la figure extérieure d'un four de nos campagnes. Cette partie de la chapelle, est terminée par un grossier contre-fort triangulaire; elle est couverte en pierres à tibles. Le mur de cette façade du levant semble simplement juxtaposé au mur spécial à la chapelle et présente du haut du toit jusqu'au sol une ligne séparée sans une seule pierre qui lie ensemble ces deux bâtiments. Quant au mur de la façade au couchant, il est évident, en l'examinant au-dessus d'une fenêtre ceintrée qui éclaire la nef de la chapelle, qu'il a été construit à deux reprises et que là aussi la muraille qui est spéciale à la chapelle n'est pas liée à celle particulière au grand bâtiment qui la recouvre et duquel elle fait partie dans une largeur de deux mètres environ. Ainsi, à l'extérieur, l'état actuel des lieux semble nettement démontrer que la chapelle a été originairement bâtie seule et bien antérieurement au vaste bâtiment dans lequel elle est aujourd'hui comprise, et qui paraît avoir été posé sur elle, comme si une main pieuse avait voulu l'y enchâsser. A l'intérieur, l'existence de la chapelle, comme séparée dans l'origine de toute autre construction, et son ancienneté, sont démontrées d'une manière bien autrement énergique. Dans cet intérieur, on remarque d'abord une petite niche dans laquelle se trouve une statue, partie en pierre, de la sainte Vierge, fort ancienne, et dont la figure a une expression remarquable de douleur; elle supporte sur ses genoux un christ descendu de la croix, c'est-à-dire qu'elle est ce qu'on appelle une *Notre-Dame-de-Pitié.*

A la suite du chœur, duquel cette niche et l'autel forment naturellement le fond, s'étend une petite nef jusqu'au mur extérieur du bâtiment qui la recouvre et duquel elle est aujourd'hui une dépendance ; dans cette partie de la façade ouest du grand bâtiment s'ouvre, ai-je dit, une fenêtre cintrée que nous avons reconnue, M. le curé Michel et moi, lors des dernières réparations faites à l'église, pour n'être autre chose que la partie supérieure d'une porte murée dans le bas, de laquelle le seuil était de niveau avec le rez-de-chaussée de la chapelle. Or il est évident que, dans le principe, le petit sanctuaire n'avait aucun autre accès que cette porte, et qu'il n'avait rien de commun avec la grande église à laquelle il ne communique aujourd'hui qu'à l'aide d'un escalier pratiqué dans l'épaisseur de la voûte et dans le pignon, au midi de cette église ; lequel escalier aboutit à une porte qui, par sa forme carrée, s'annonce comme relativement très-moderne. En résumé donc, l'état matériel des lieux, tant à l'extérieur qu'à l'intérieur, démontre clairement que cette chapelle est d'une construction beaucoup plus ancienne que tout ce qui l'entoure, et j'ai la conviction qu'elle ne saurait être autre chose, comme je l'ai dit, que l'ancien oratoire de saint Geoffroy ; que, lors des constructions ultérieures, il a été respecté et englobé dans leur enceinte comme un monument digne de la vénération de tous, et qu'on voulait conserver religieusement dans son état primitif.

Il est d'autres détails des vieux bâtiments, au sud de l'église, qui fortifient énergiquement mes conjectures.

D'abord dans le grenier à foin, au-dessus de la nef de la chapelle, se trouvent les traces les plus évidentes des anciennes cellules des moines ; on y voit encore, murées, à l'exception d'une seule, les petites fenêtres, de forme très-ancienne, qui donnaient du jour à ces cellules ; enfin à la suite de la chapelle, au rez-de-chaussée, au midi, est un ancien cloître, parfaitement conservé, qui, depuis le dix-septième siècle, a été transformé en écurie pour le service de l'abbé commanditaire ou de ses agents.

Livrant à des archéologues plus savants que moi tout ce que je viens de dire, et leur laissant le soin soit de me réfuter, soit de fortifier mes conjectures, je continue mes réflexions sur les enseignements de toute sorte qui résultent de cette biographie de saint Geoffroy. Lorsque mourut le saint fondateur, il était devenu un abbé important, et plus tard je m'occuperai des détails de ses derniers moments ; mais je dois d'abord dire quelque chose de l'époque la plus remarquable de cette sainte vie, celle de la première croisade, ce départ pour ce qui alors s'appelait le voyage d'outre-mer ou de Jérusalem, *hierosolimitanum iter ;* je m'occuperai ensuite des droits acquis par les chanoines sur les contrées voisines de leur monastère. Nul n'a raconté avec une énergie plus saisissante ce grand événement du moyen âge, la croisade, que ne l'a fait le naïf biographe du saint patron de mon humble village. Le grand mobile, le seul en apparence, qui agitait les esprits et mettait les hommes en mouvement, à cette grande époque du onzième et du douzième siècle, c'était le désir ardent de voir les saints lieux, de délivrer les chrétiens qui les habitaient de l'oppression des musulmans, enfin d'affranchir les pèlerins des avanies dont les accablaient les infidèles et d'arrêter les profanations qui souillaient le saint sépulcre. Mais il était une cause secrète qui, à son insu, poussait la vieille Europe à ce grand mouvement d'Occident en Orient; le vulgaire de cette partie du monde, redevenu presque barbare, avait besoin de retremper son intelligence dans ce *Levant*, source de toute lumière. Les religieux, qui seuls avaient abrité les sciences et les lettres dans leurs saintes demeures, furent les initiateurs de cette grande entreprise, et le premier de tous qui remua le monde, ce fut le souverain pontife, *mens agitat molem*. Ce pape, qui était alors Urbain II, vint demander à la France, dans laquelle il était né, ces soldats qu'elle ne refuse jamais à qui les appelle dans un but généreux et chevaleresque. Ce pays s'émut du sommet à la base, ou plutôt de la base au sommet, si, comme le dit l'hagiographe, les rois vinrent les derniers, *et postremi reges*. Tous s'empressèrent de prendre la croix et le chemin de Jérusalem. Geoffroy ne fut pas des derniers à être agité par de si grands mobiles de charité chrétienne et de sentiments généreux. Abbé déjà important, il avait assisté au concile de Poitiers; mais son zèle pour la sainte expédition était modéré par des considérations pour lui bien puissantes. A cette époque, il est vrai que son monastère du Chalard était déjà parvenu à un certain degré de prospérité; ses ennemis acharnés, l'archidiacre Bruscard, l'intendant Arnaud, étaient devenus ses disciples fervents, ses collaborateurs zélés. Un de ses amis, Gouffier de Lastours, s'était mis à sa discrétion avec toutes ses ressources. Il se souvenait aussi de ces exhortations des légats qui appelaient les princes de l'Église à suivre l'exemple de Moïse et de Josué, à prendre la conduite des fidèles; mais d'un autre côté son œuvre n'était pas achevée; ses frères en larmes s'efforçaient de le retenir. De sorte que, poussé en avant par tant d'appels pressants, il hésitait encore, lorsqu'une vision, lui apportant les ordres d'en haut, lui fit prendre un parti définitif : il demeura dans son monastère et en continua la reconstruction.

Ici j'ai à dire quelques mots sur un certain côté de l'entreprise du solitaire : je veux parler des défrichements entrepris dans la vaste forêt de Courbefy. Ce grand travail amène naturellement quelques réflexions sur la situation des chanoines réguliers vis-à-vis des populations qui vinrent s'agglomérer autour de l'abbaye, dans un rayon plus ou moins étendu. On a bien souvent écrit, et plus souvent répété, que les moines étaient des hommes inutiles; que, dans leurs cloîtres, ils menaient une vie oisive, se nourrissaient abusivement des labeurs du peuple qui leur payait des rentes imposées par la force ou obtenues d'une superstition inspirée et entretenue par ces fainéants qui habitaient les monastères. Je vais prouver, au contraire, que jamais le peuple, du moins au Chalard, n'eut, au moyen âge, de plus véritables amis et de plus généreux initiateurs à la civilisation que les religieux; que jamais propriété n'eut une plus équitable origine que celle des redevances qui leur ont été payées jusqu'au moment de la suppression des établissements religieux.

Le manuscrit raconte avec quelle ardeur les chanoines réguliers du Chalard, et en particulier l'intendant de Bruno, Arnaud, devenu l'un des compagnons de Geoffroy, se livraient au travail du défrichement de cette forêt qui s'étendait du Chalard à Courbefy. Ce qui n'était d'abord qu'un désert rempli de bêtes fauves, ainsi que le raconte l'hagiographe, fut transformé en ces prés, ces terres, ces bois châtaigniers que nous voyons aujourd'hui. Lorsque le premier travail eut été fait de la main des religieux ou par leurs soins et à leurs dépens, il fallut de toute nécessité entretenir et continuer ces cultures, ou laisser de nouveau les ronces et les broussailles envahir le sol. Que firent donc nécessairement et sans aucun doute les moines ? Ils livrèrent à des colons ces biens conquis sur la nature sauvage, à la condition, comme cela était plus que juste, que les colons paieraient des redevances, des rentes. Or, ces redevances, ces rentes, que devenaient-elles? Elles subvenaient, en partie il est vrai, aux besoins de la communauté, mais en partie aussi elles revenaient au peuple, par les aumônes abondantes que distribuait le monastère du Chalard. Peut-on trouver une origine plus légitime et un usage plus généreux de la propriété ? et quel motif plausible auraient eu de se plaindre ceux qui payaient d'une partie de leur revenu les sueurs, les diligences et les peines des solitaires qui avaient défriché le sol et créé ces domaines ? Comme il n'y a rien de nouveau sous le soleil, et que l'homme est le même dans tous les siècles et sous toutes les latitudes, je trouve dans un auteur peu sérieux en apparence, mais qui, au fond, présente des enseignements utiles, le récit d'injustices semblables à celles que tant de prétendus philosophes ou historiens ont commises envers les religieux.

Les troubles de la Grande-Bretagne, ainsi que le génie colonisateur de la race saxonne, jetèrent dans l'Amérique du Nord des hommes qui aimèrent mieux s'imposer un exil plus ou moins volontaire que de renoncer à leur foi politique ou religieuse. Ces hommes, eux aussi, attaquèrent corps à corps le désert, arrachèrent les bois, détruisirent les bruyères, créèrent des prairies, des terres, des jardins. Où vaguaient les sauvages et s'abritaient les bêtes fauves, ils bâtirent des fermes et des usines; puis, eux aussi, ces premiers travaux accomplis, livrèrent leurs cultures, leurs fermes, leurs établissements de toute nature à des colons ou à des industriels qui devaient en continuer l'exploitation; comme les moines dans l'ancien continent, ils stipulèrent des redevances et des rentes. Or on voit dans *les Pionniers*, dans *le Porte-Chaîne* de Cooper et dans plusieurs autres romans du même auteur, qui sont de l'histoire, à quels dangers s'exposèrent les premiers colons de l'Amérique, les travaux qu'ils accomplirent, sous quelles conditions ils livrèrent à d'autres le fruit de leurs sueurs et des périls qu'ils avaient bravés, ces propriétés créées par leur courage et leur intelligence.

Eh bien! dans ces livres vous trouverez aussi ce qui arriva par la suite; vous y lirez que ceux dont les pères avaient acquis par de libres et équitables stipulations ce que d'autres avaient créé, devinrent d'odieux frelons qui prétendirent se nourrir du miel des abeilles; que ces acquéreurs contestèrent la légitimité de ce qu'ils payaient aux descendants des premiers colons, et que de ce conflit naquit ce qu'on appelle aux États-Unis le parti anti-rentiste. Ne croirait-on pas lire l'histoire des religieux au moyen âge et de leurs détracteurs modernes dans celle des premiers colons anglais et de ceux qui vinrent après eux? Et quelle différence trouvera-t-on entre les injustices commises dans les deux mondes? C'est que rien ne ressemble aux novateurs, aux socialistes français, comme les novateurs et les socialistes américains. Très-certainement ce mouvement, ces tristes parodies ne s'arrêteront pas. Sous bien des latitudes, de hardis pionniers combattent encore la nature sauvage; dans notre Algérie et ailleurs, de pieux solitaires, trappistes ou autres, rendent le désert susceptible de culture; et un jour viendra que les enfants des colons américains ou australiens vendront sous certaines conditions le prix des sueurs et des dangers de leurs pères; que des religieux percevront le produit des travaux de leurs devanciers, s'il leur plaît de l'aliéner, et qu'on viendra leur contester aux uns et aux autres, comme un bien mal acquis, ce qui sera devenu si légitimement leur propriété.

De si près et de si loin, je reviens à saint Geoffroy. Le fondateur du monastère du Chalard était devenu, ai-je dit, un abbé important. Nous avons vu qu'il avait assisté à des conciles, obtenu des dons considérables pour sa communauté devenue florissante. Aussi, comme toutes les sociétés parvenues à leur apogée, cette abbaye laissait-elle voir les signes, je ne dirai pas de la corruption, mais d'une moins grande perfection dans l'esprit de ses membres. Cela résulte bien clairement du récit de l'hagiographe. Voyons en effet ce qu'il constate à la fin de la vie du bienheureux : Geoffroy était sur son lit de mort ; comme tout fondateur, il se préoccupait de l'avenir de son établissement religieux, du choix de son successeur ; en un mot, il était assailli par les soucis qui agitent un père de famille qui se sépare de ses enfants. Par les entretiens qui sont rapportés entre le saint et son ami le plus intime, entre le prieur et les chanoines, on voit que du monastère du Chalard était sorti un essaim ; qu'un pieux solitaire, Bernard, avait reçu l'habit religieux et des bénéfices de la bienveillance de Geoffroy ; que ce Bernard avait fondé à Saint-Nicolas le prieuré qui a existé jusqu'à la Révolution et la paroisse qui subsiste encore. Mais ces détails nous font voir aussi qu'il commençait à se dessiner de petites factions parmi les chanoines ; que Bernard, que je viens de nommer, avait ses partisans ; que l'ami de Geoffroy avait les siens, et, à la tête de ces derniers, le saint lui-même, qui manifestait nettement son mécontentement, lorsque, dans une dernière entrevue avec ses frères, il leur disait : *Parcite mihi, quæso, et nolite vexare ;* en bon français : *Laissez-moi mourir en paix.* On voit dans ces petits débats, qui n'atteignent cependant pas la dignité des personnages, poindre indirectement l'ambition de l'ami du prieur, de celui qui, d'après les visions que ce dernier avait eues, son choix particulier, les legs qu'il lui faisait verbalement, était ce qu'on appellerait aujourd'hui un candidat *officiel.* Ce bon religieux disait en effet à son abbé : « Pourquoi, maître, ne faites-vous pas con-« naître le nom de celui qui, après votre mort, vous sem-« ble digne de vous succéder dans votre office pastoral ? « Voulez-vous qu'il se produise des discussions entre les « frères ? — Je ne veux pas le faire, disait le mourant ; « tais-toi et attends le Seigneur. » Puis, lui faisant un legs verbal, il lui donnait indirectement son opinion. Certes le bon chanoine savait bien qui Geoffroy voulait pour successeur, et ne croirait-on pas lire certaines pages des Évangiles dans lesquelles certains disciples adressent à Notre-Seigneur des questions dans lesquelles leur discrétion laisse à désirer ?

Quoi qu'il en soit, ces scènes des derniers moments de saint Geoffroy enseignent beaucoup, à ceux qui les méditent, sur les mœurs des solitaires au douzième siècle. Nous savons par ces petits drames que le prieuré de Saint-Nicolas a été fondé à l'époque du rétablissement du monastère du Chalard, à la fin du onzième siècle ou au commencement du douzième, et que saint Geoffroy doit être considéré comme le fondateur indirect de ce prieuré et de cette paroisse, puisque c'est de lui que Bernard, le premier prieur, a reçu l'habit religieux et des bénéfices, *et ab ipso beneficia et habitum sumpserat.*

J'approche du terme de ces réflexions, et je me demande : Quel est l'auteur de ce mince volume ? à quelle époque a-t-il été composé ? La réponse à la seconde question doit, ce me semble, passer avant la première ; je crois que la vie de saint Geoffroy a été racontée par un moine de son monastère, à une époque, sinon contemporaine, du moins très-voisine du temps auquel le saint prieur a vécu. L'hagiographe dit dans la petite préface qui précède son œuvre, et qu'il appelle un *prologue :* « Donc, avec « l'aide de Dieu, commençons à dire ce que nous avons « connu de vrai touchant ce saint, partie lui-même le « racontant, partie l'attestant les compagnons du même, « qui demeurèrent longtemps unis à un tel homme par « les liens d'une indissoluble charité. » A la rigueur on peut dire que le témoignage du saint peut et doit même n'avoir pas été oral; que le biographe l'a recueilli soit par tradition, soit par le peu d'écrits qu'il nous a dit, dans le cours de sa narration, être émanés de saint Geoffroy et avoir été soigneusement conservés dans les archives du couvent, desquels même il a transcrit quelques fragments. Mais ce que les compagnons du bienheureux ont attesté, par quelle voie l'a-t-il reçu? Il me semble évident que ce ne peut être que par un moyen oral; car d'une part si les chanoines contemporains, compagnons du saint, avaient déjà écrit des biographies de leur fondateur, et si celui qui a écrit celle que j'ai traduite n'était qu'un compilateur, certainement il l'eût dit ou tout au moins laissé entrevoir dans quelque passage de son livre. Il est même plus que probable, qu'ainsi qu'il l'a fait de quelques écrits émanés du saint lui-même, il en eût transcrit quelques fragments. D'autre part, il y a dans ce livre des détails tellement intimes, souvent tellement minutieux, qu'ils n'ont pu arriver à l'historien que par Geoffroy, ou par un homme ayant vécu dans la plus étroite liaison avec le saint fondateur et partagé ses plus secrets sentiments. Mais il existe une autre raison de ce que j'avance, qui me semble décisive. Je remarque dans le récit des derniers moments de saint Geoffroy, dans celui du petit litige qui s'éleva, à l'occasion de la transmission de la dignité priorale, que le nom de cet ami auquel le saint fait ses plus intimes confidences, de celui qu'il institua verbalement son héritier, n'est pas prononcé une seule fois; tout ce qui peut faire connaître quel a été ce confident, c'est cette circonstance que Bernard a été le second prieur, mais seulement en quelque sorte intérimaire, et que le troisième prieur a été cet ami, le confident intime, le familier du fondateur, duquel le nom est passé sous silence. Pourquoi cette réserve et cette modestie tout à fait monacale? pourquoi ce nom soigneusement dissimulé, si ce n'est parce qu'il y avait de la part du biographe certains ménagements à garder, des inconvénients actuels à dire nettement aux religieux quel était celui qui avait reçu les confidences de saint Geoffroy, ou que sa modestie, son humilité chrétienne en interdisait une révélation précise et en quelque sorte signée à celui qui nécessairement seul, avec le bienheureux, était instruit de quelques-uns de ces détails intimes et délicats? Or tous ces ménagements ne pouvaient être gardés que par un auteur contemporain des actions de ce petit drame monacal, et vis-à-vis de ceux encore vivants qui en avaient été les comparses, ou par un auteur qui était extrêmement voisin du même temps, qui en avait reçu une tradition toute fraîche et de religieux encore vivants à l'époque du récit. Je crois donc pouvoir affirmer, sans émettre une opinion par trop conjecturale, que cette biographie est du douzième siècle. Mais quel en est l'auteur? Je crois fermement que ce n'est autre que ce troisième prieur, confident intime, familier de saint Geoffroy, ou un autre religieux qui avait écrit sous sa dictée et sur les documents intimes et manuscrits qu'il possédait, et qu'il avait reçus avec tout ce qui était la propriété particulière du saint, qui le lui avait légué en ces termes : *Tibi relinquam omnia mea propria indumenta, scilicet mea et fratrum meorum et si quid fuerit reliquum quod jure meum appellem.*

FIN.

Sceaux. — Imp. M. P.-E. Charaire.

www.ingramcontent.com/pod-product-compliance
Ingram Content Group UK Ltd.
Pitfield, Milton Keynes, MK11 3LW, UK
UKHW020927180726
13838UKWH00002B/805